AF191374

Lya Sanders

Der Schlüssel

zum

Glück

Lya Sanders

Der Schlüssel

zum

Glück

LYA.SANDERS.AUTORIN

Bibliografische Information der Deutschen Nationalbibliothek: Die Deutsche Nationalbibliothek verzeichnet diese Publikation in der Deutschen Nationalbibliografie; detaillierte bibliografische Daten sind im Internet über http://dnb.dnb.de abrufbar.

Verlag: BoD · Books on Demand GmbH, Überseering 33, 22297 Hamburg, bod@bod.de

Druck: Libri Plureos GmbH, Friedensallee 273, 22763 Hamburg

ISBN: 978-3-8192-0079-3

Inhaltsverzeichnis

Für diejenigen, die meine Worte nicht erreichen.

Vorwort

Laut des Weltglückberichts 2024 landet Deutschland mit 6,7 von 10 möglichen Punkten auf Platz 24 und damit fernab der glücklichsten Länder dieser Welt. Doch was ist Glück überhaupt und wie kann man es messen? Schaut man im Duden nach, findet man folgende Definition:

„etwas, was Ergebnis des Zusammentreffens besonders günstiger Umstände ist, besonders günstiger Zufall, günstige Fügung des Schicksals"

Ziemlich vage, nicht wahr? Doch auch der Blick in die Lexika und Philosophiebücher dieser Welt bringt uns der Antwort nicht näher. Bereits Platon beschäftigte sich mit dieser Frage. Aristoteles bezeichnete Glück sogar als das höchste Ziel des menschlichen Lebens, allerdings schaffte keiner von ihnen und auch niemand der sich danach mit dem Thema befasste Glück konkret zu definieren. Wie denn auch, wenn die Bedürfnisse des Einzelnen mehr als individuell sind?

Knappe 2500 Jahre später hört man vielerorts, dass jeder seines Glückes Schmied ist (insbesondere von denjenigen, die bisher noch wenig Unglück erlebt haben), doch leider trifft diese Aussage nur bedingt zu und das erinnert mich an einen Witz, den mir meine Mutter zu erzählen pflegte.

Ein frommer Mann, welcher sein Leben lang gütig war, und Gott diente betete jeden Tag zu ihm und bat um einen Lottogewinn. Mittlerweile waren viele Jahrzehnte vergangen und der Mann war alt geworden, doch seine Bitten waren nie verstummt. Da sprach ein Engel zu Gott und fragte ihn, warum sich dieser nicht endlich erkenntlich zeigen würde, wo der alte Mann doch sein Leben lang fromm und gütig gewesen war. Gott hob seine Braue und atmete schwer aus. „Ich würde ja, wenn er doch nur endlich einen Lottoschein kaufen würde, anstatt nur zu beten."

In der Tat liegt es häufig in unserer Hand, ob wir glücklich sind und wie wir unsere Chancen nutzen, doch mindestens genauso häufig liegt es außerhalb unserer Möglichkeiten die Bedingungen zu verändern. Beispielsweise immer dann, wenn körperliche, psychische oder sexuelle Gewalt im Spiel ist. Je nach Situation ist es für die Betroffenen überhaupt nicht möglich sich dagegen zur Wehr zu setzen und schon nimmt ihr Leben einen völlig anderen Lauf und das Glück scheint in weite Ferne zu rücken. Ähnlich verhält es sich mit Lebenskrisen, Kriegen und Naturkatastrophen. Natürlich ist im Anschluss an solche Erlebnisse jedem selbst überlassen, wie er damit umgeht, doch häufig beeinflussen Schmerz und Traumata die Betroffenen so stark, dass sie sich völlig machtlos fühlen und sich ihrem Schicksal fügen, ohne daran zu glauben, dass sie jemals (wieder) glücklich sein werden.

An dieser Stelle möchte ich dir eine kleine Geschichte erzählen, welche dich vermutlich alles andere als glücklich machen wird und die dennoch auf eine unverblümte Art und Weise aufzeigt, wie fragil das Konstrukt Glück sein kann und wie wenig Einfluss wir als Betroffene darauf haben können.

Vor einigen Jahren begegnete mir eine Klientin, die sich in einer schwierigen Lebensphase befand. Wenige Monate zuvor war sie aus ihrer Heimat geflohen, nachdem dort der Krieg ausgebrochen war.

Innerhalb der letzten fünf Jahre war es bereits ihre zweite Flucht, denn zunächst ist sie innerhalb des Heimatlandes geflohen. Von einem Tag auf den anderen musste sie ihr gewohntes Umfeld hinter sich lassen und ihr Leben komplett neu aufbauen und das schaffte sie so gut es ging, doch diese zweite Flucht war anders. In Deutschland musste sie zunächst die Sprache erlernen und unsere Bürokratie trug ihr Übriges bei. Daneben die Sorge um Freunde und Verwandte, die sich gegen die Flucht entschieden haben und im Kriegsgebiet geblieben sind.

Häufig war die Klientin den Tränen nahe. Zu groß war die Überforderung, zu groß die Ungewissheit und auch die Angst vor der Zukunft. Jeden Tag begegneten ihr neue Stolpersteine, die sie an allem zweifeln ließen und immer tiefer in die Depression trieben. Den einzigen Hoffnungsschimmer gab ihr ihr Glaube an Gott.

Obwohl für mich persönlich Religion bis heute ein nicht nachvollziehbares Konstrukt ist, bewundere ich immer wieder, unter anderem auch bei der hier genannten Klientin, wie viel Kraft die Menschen aus ihrem Glauben schöpfen und befürworte ihn als Bewältigungsstrategie. In diesem Fall war die Kundin jedoch Teil einer Sekte. Neben strikten Strukturen und Hierarchien zeichnete sich die Mitgliedschaft auch durch viele Verpflichtungen und die feste Überzeugung an ein nahendes Ende aus, sodass ich mir ziemlich sicher bin, dass der Glaube in diesem Fall zwar zur Stabilisierung der Kundin beitrug, aber gleichzeitig auch die Labilität begünstigte.

Eines Tages sprach sie erstmals offen über ihre Familie. Sie wuchs in einfachen von Armut und Gewalt geprägten Verhältnissen als älteste von vier Geschwistern auf. Schon seit frühster Kindheit musste sie viel Verantwortung übernehmen, wobei ihre Leistungen, wie gut und außergewöhnlich sie auch waren, stets als Selbstverständlichkeit erachtet wurden und sie weder Lob noch Anerkennung dafür erhielt.

Während sie und zwei weitere Geschwister sich „der Norm entsprechend" entwickelten, einen Job fanden und Familien gründeten, schlug eine ihrer Schwestern einen völlig anderen Weg ein. Bereits in ihrer Jugend begann sie gegen ihre Familie zu rebellieren. Schnell entdeckte sie Alkohol und Drogen für sich und rutschte schließlich gänzlich ab. Bereits mit 20 Jahren war sie von mehreren Substanzen abhängig.

In den folgenden Jahren bekam sie drei Kinder von drei verschiedenen Männern, bis ihr schließlich einige Jahre später das Sorgerecht entzogen wurde. Nun lebt sie, wie auch schon die Jahre zuvor, in den Tag hinein, hangelt sich von einem Rausch zum nächsten und ignoriert sämtliche Konventionen.

Während meine Klientin das Wichtigste in Kürze erzählte, redete sie sich regelrecht in Rage, gleichzeitig war ihr die Machtlosigkeit deutlich anzumerken. Schließlich wurde ihre Stimme brüchig und leise. „Und das Schlimme ist, dass sie überhaupt nichts ändern will. Es interessiert sie einfach nicht." Ein Tropfen löste sich aus den mit Tränen gefüllten Augen und sie wischte ihn hastig von ihrer Wange. „Aus uns [den Geschwistern] ist doch auch etwas geworden, wieso ist sie nur so missraten?"

Als meine Klientin längst wieder weg war, dachte ich über ihre Frage nach. Ob nun missraten oder nicht – darüber möchte ich gar nicht urteilen – war doch der Konsum der Schwester lediglich eine Strategie dem Erlebten zu entfliehen, genauso wie sich meine Klientin in ihren unerschütterlichen Glauben flüchtete. Und auch wenn ein ausgeprägter Glaube und die Zugehörigkeit zu einer Sekte auf den ersten Blick harmloser als Drogenkonsum erscheinen, wage ich anzuzweifeln, dass sich beide Abhängigkeiten, vom Prinzip her, allzu sehr unterscheiden.

Meine Klientin, welche sich um ein frommes Leben bemühte, regelmäßig betete und an Gemeinschaftstreffen teilnahm, aus ihrer Sicht also alles richtig machte, steckte inmitten einer tiefgreifenden Lebenskrise und an Glück war dabei nicht einmal zu denken, während ihre „missratene" Schwester, welche ein Leben am Rande der Gesellschaft führte, und ihre elterlichen Rechte verloren hatte, alles in allem zufrieden mit ihrem Leben war. Und damit kommen wir auch schon wieder zurück zum Anfang. Wie mir scheint lässt sich Glück nämlich nicht nur nicht definieren, sondern ist auch äußerst individuell und subjektiv. Ist Glück am Ende vielleicht einfach nur die bloße Zufriedenheit innerhalb möglichst vieler Lebensbereiche? Die Glücksforscher aus Dänemark, welche sich Jahr für Jahr im Rahmen des Weltglückberichtes damit beschäftigen kommen jedenfalls zu einem ähnlichen Ergebnis und damit komme ich zur nächsten These.

Glück kann man bekanntlich nicht erzwingen, die Zufriedenheit hingegen lässt sich häufig schon mit ein paar kleinen Drehungen an den richtigen Stellschrauben problemlos steigern. Wenn also Glück größtenteils aus Zufriedenheit resultiert, sollte es doch problemlos möglich sein den Schlüssel zum Glück zu finden.

Wenn ich nun auf mein Leben und auf die Erkenntnisse meiner Arbeit zurückblicke, kann ich diese These absolut bestätigen. Selbstverständlich ist es nicht annähernd so einfach wie es sich anhört. Ganz im Gegenteil, so klein diese Stellschräubchen auch sein mögen, jede noch so kleine Drehung bedeutet zunächst Kraft und Arbeit. Auf der anderen Seite zeigt aber auch jede noch so kleine Bewegung ihre Wirkung und erzeugt langfristig nachhaltige Veränderungen.

Um welche Stellschrauben es sich dabei handelt und wie du an ihnen drehen kannst erfährst du in den folgenden 24 Kapiteln. Und nun wünsche ich dir ganz viel Spaß beim Lesen und natürlich ganz viel Glück.

Lektion 1

Open your eyes

Bereits 1997 sang sich die deutsche Band Guano Apes mit dem Titel Open your eyes, open your mind in die Köpfe der Menschen und genau das ist die Aufgabe der ersten Lektion. Denn um den Schlüssel zum Glück finden zu können, musst du zunächst rausfinden was dich glücklich macht.

Dabei geht es weniger um Geld, Sorgenfreiheit oder die Erfüllung irgendwelcher Sehnsüchte, von denen du glaubst, dass sie dich glücklich machen werden, sondern um klitzekleine Kleinigkeiten – nennen wir sie Minibooster – die dir dieses angenehm wohlige Gefühl bereiten, wenn du sie wahrnimmst.

Vielleicht ist es der Duft von frischgemähtem Rasen oder der herrliche Geruch von Flieder. Vielleicht ist es der Anblick der ersten Zitronenfalter, wie sie im Sonnenschein tanzen oder der eines farbenfrohen Regenbogens nach einem fürchterlichen Regenguss Ende November.

Vielleicht ist es ein Geschmack aus deiner Kindheit oder der deines Lieblingsgerichts. Möglicherweise ist es das leise Brummen der Hummel, während sie die Blume bestäubt oder aber dein Lieblingslied.

Die Umarmung einer geliebten Person oder dieser eine ultraweiche Pullover auf deiner Haut.

Vielleicht ist das, was das Fünkchen Glück bei dir entzündet, überhaupt nicht greifbar. Vielleicht ist es ein ehrliches Lächeln, das dir geschenkt wird oder aber ein einfaches „Guten Morgen" einer geliebten Stimme. Vielleicht ist es die Zeit mit Familie und Freunden oder aber ein paar Stunden nur für dich allein. Möglicherweise ist es das ehrliche und reine Lachen eines kleinen Kindes, der Anblick zweier Rentner, welche Händchen haltend durch den Park spazieren oder aber eine Erinnerung aus deiner Kindheit.

Ganz egal was es ist und wie unbedeutend es dir erscheint, wenn es dich, wenn auch nur kurz, wenn auch nur innerlich, zum Lächeln bringt, ist es auch von Bedeutung.

Also öffne die Augen und notiere dir am besten alles, was dir einfällt. Du wirst staunen wie viele Minibooster du entdecken wirst und wie wenig es eigentlich braucht, um dir ein kleines Lächeln zu entlocken.

Lektion 2

Open your mind

Ich gratuliere! Du hast dir einige Minibooster in Erinnerung gerufen und vielleicht die ein oder andere Inspiration erhalten. Nun heißt es aber auch ein bisschen was zu tun, denn nur weil du nun weißt, wonach du Ausschau halten musst, heißt es leider noch lange nicht, dass du es auch siehst. Und genau darum geht es in dieser Lektion. Open your mind.

Wann hast du deine Umwelt das letzte Mal bewusst wahrgenommen? Ich meine so richtig bewusst. Wann hast du das letzte Mal auf dem Weg zur Arbeit oder zum Einkaufen deine Umgebung genau betrachtet? Wann hast du das letzte Mal ganz genau hingehört? Wann an einer Blume gerochen oder etwas angefasst, um zu erfahren, wie es sich anfühlt?

Das wir in einer schnelllebigen Welt leben, ist schon lange kein Geheimnis mehr. Doch wie schnelllebig unsere Welt tatsächlich ist, wird dir erst bewusst, wenn du dir die oben gestellten Fragen ehrlich beantwortest. Unser Gehirn ist stets auf Effizienz aus. Dsa bweeits nihct zluetzt desier Staz. Und so neigen wir dazu lediglich das Offensichtliche wahrzunehmen und alles andere auszublenden. So wie wir im Beispielsatz die Wörter als Ganzes lesen und den einzelnen Buchstaben kaum Beachtung schenken, ergeht es uns auch mit allem anderen.

Wird uns ein leckeres Essen serviert, nehmen wir zwar den angenehmen Duft, aber nicht die Aromen der einzelnen Komponenten wahr. Während wir gemütlich unseren Karamel-Latte schlürfen, steht der Gesamtgeschmack im Vordergrund, nicht jedoch, der Geschmack der einzelnen Zutaten. Hören wir Musik, genießen wir das Lied, aber schenken den einzelnen Instrumenten kaum Beachtung. Betrachten wir ein Kunstwerk, so sehen wir es in der Regel als Ganzes und übersehen dabei die vielen kleinen Details. Doch um die Minibooster um uns herum zu entdecken, brauchen wir genau das: Details.

Das Zauberwort an dieser Stelle heißt Achtsamkeit, denn sie hilft uns dabei all die kleinen Kleinigkeiten, die wir in unserem stressigen Alltag so schnell übersehen, bewusst wahrzunehmen. Dabei hat Achtsamkeit weder etwas mit Esoterik zu tun, noch ist es irgendein Trend, der dir bei der Selbstoptimierung helfen soll. Vielmehr ist es die bewusste, wertungsfreie Wahrnehmung, bei der du dich auf diesen einen Moment konzentrierst, ohne dich dabei abzulenken oder gedanklich abzuschweifen.

Wenn du noch nie eine Achtsamkeitsübung gemacht hast, empfehle ich dir folgendes auszuprobieren. Such dir einen Moment, in dem deine geistige Präsenz nicht ganz so gefordert ist. Zum Beispiel jetzt gerade. Betrachte die Situation mit all deinen Sinnen.

Konzentriere dich dabei ausschließlich auf deine Wahrnehmung und verscheuche alle Gefühle und Gedanken, die in diesem Moment auftauchen. Sie alle haben ihre Daseinsberechtigung, aber jetzt bist du dran. Atme tief ein und aus, schau dich um, schärfe dein Gehör.

Was siehst du? Mal angenommen du sitzt gerade auf dem Sofa, während du das Buch liest, dann wirst du vermutlich dein Sofa sehen. Du siehst ein Fenster, die Wände, den Boden, die Decke, Möbelstücke und Deko, dieses kleine braune Blatt an deiner Pflanze und vielleicht auch eine kleine Spinne in der Ecke des Raumes. Betrachte den Raum und die Gegenstände darin, ohne sie zu bewerten. Weder positiv noch negativ. Konzentrier dich nun auf das Hören. Vielleicht hörst du das Ticken der Uhr an der Wand, die Schritte der Nachbarn über dir oder deine eigene Atmung. Ganz egal was es ist, nimm es wahr, ohne es zu bewerten. Was spürst du? Vermutlich wird es die Kleidung auf deiner Haut sein. Das Sofa unter dir, vielleicht auch ein kleiner Luftzug, weil das Fenster offen ist oder die wohlige Wärme, die den Raum erfüllt. Kannst du etwas riechen und wenn ja, was ist es? Vielleicht ist es dein Parfum oder der Tee, den du dir vorhin gekocht hast. Vielleicht ist es der Duft des Weichspülers auf deiner Kleidung oder aber der ganz normale Geruch deiner Wohnung. Schmeckst du auch etwas? Zugegeben, der Geschmack ist einer der schwierigsten Sinne, aber vielleicht hast du ja Glück.

Vielleicht hast du noch den Geschmack deiner letzten Mahlzeit oder deines letzten Getränks im Mund, vielleicht kaust du gerade Kaugummi, vielleicht ist da aber auch nichts, was du definieren kannst und das ist auch völlig in Ordnung.

Wenn ich mich nicht völlig täusche, dürftest du jetzt eine gewisse Ruhe wahrnehmen, die vor dem letzten Absatz noch nicht da war. Nimm sie an und verweile gerne einen Moment darin, denn dein Alltag bietet dir vermutlich nur selten die Gelegenheit dazu. Wiederhole die Übung bei Gelegenheit, zum Beispiel in einer anderen Umgebung. Wiederhole sie mehrmals, am besten jeden Tag oder zumindest regelmäßig, denn wie du gesehen hast, braucht es nicht viel Zeit, um sie auszuführen. Ideal sind Momente, in denen du sowieso nicht viel machen kannst. An einer roten Ampel zum Beispiel oder in der Schlange beim nächsten Wocheneinkauf.

Je öfter und regelmäßiger du diese Übung ausführst, umso mehr gewöhnt sich dein Gehirn daran und das bringt einen entscheidenden Vorteil mit sich. Diese Ruhe, die währenddessen eingekehrt ist, wird erlernt und als Struktur hinterlegt. Sobald sich dein Hirn also daran gewöhnt hat, wird es immer wieder dieser Struktur folgen, und zwar bereits zu Beginn der Übung. Gleichzeitig schulst du dich darin die Dinge um dich herum bewusst wahrzunehmen und gibst dir auf diese Weise die Möglichkeit all die Minibooster in deiner Umgebung zu entdecken.

Lektion 3
Gut Ding will Weile haben

Im besten Fall hast du viele kleine Minibooster benennen können, auf die du ab sofort Acht geben und daraus Kraft schöpfen kannst. Selbstverständlich sind es nur Kleinigkeiten, aber da Kleinvieh bekanntlich auch Mist macht, wirst du erstaunt sein, wie viel diese Kleinigkeiten am Ende des Tages ausmachen.

Versteh mich nicht falsch. Die Welt um dich herum wird nicht rosarot nur weil du irgendwo eine schöne Melodie hörst, ein angenehmes Aroma riechst oder etwas deiner Meinung nach Schönes betrachtest. Doch je mehr dieser Minibooster dir im Alltag begegnen (und je mehr dir davon begegnen können, weil du bewusst darauf achtest), desto mehr schärfen sie deinen Blick für die nächsten Kleinigkeiten. Jeder Minibooster für sich und in der Summe noch viel mehr, steigert deine Laune und schenkt dir Kraft.

Natürlich geschieht es nicht von allein und bedeutet zunächst etwas Arbeit.

Ein einzelner schöner Moment gerechnet auf den ganzen Tag ist noch nicht viel. Ähnlich wie dieser einzelne Punkt auf der ansonsten fast weißen Seite.

.

Beschreitest du deinen Alltag mit ein wenig mehr Achtsamkeit und nimmst deine Umgebung bewusst wahr, werden sich die Punkte allmählich mehren. Natürlich machen sie den Kohl auch noch nicht fett, dennoch machen sie sich bereits bemerkbar.

.

.

.

.

.

.

.

.

.

.

.

.

.

.

.

.

.

Ist dein Blick nun geschärft und bist du an die (neu)erlangte Achtsamkeit gewöhnt, begegnen dir plötzlich all die Minibooster, die du zuvor in der Hektik des Alltags übersehen hast. Und plötzlich sind all diese Kleinigkeiten nicht mehr zu übersehen.

Lektion 4

Bekämpfe Wasser mit Feuer

Feuer mit Wasser zu bekämpfen ist recht einfach, wenn es sich dabei nicht gerade um einen Fettbrand handelt, aber umgekehrt kann es schon ziemlich kompliziert werden. Doch mit etwas Mühe und Durchhaltevermögen lässt sich selbst im schlimmsten Schauer ein Feuer entfachen, was mit noch mehr Mühe und Durchhaltevermögen sich allem Regen zum Trotz aufrechterhalten lässt.

Genauso ist es mit dem Glück. Oft sind die äußeren Bedingungen denkbar ungünstig. Bildlich gesprochen gießt es wie aus Eimern und es gelingt uns ums Verrecken nicht auch nur einen Funken zu entfachen.
In solchen Momenten ist Aufgeben eine absolut denkbare Option. Nichts einfacher als das. Doch wird es dadurch leider nicht besser. Immer noch bildlich gesprochen sind wir klitschnass, im schlimmsten Fall durchgefroren, vermutlich alleine. Und weil das immer noch nicht genug ist, kommt in solchen Momenten grundsätzlich ein Arschloch daher, dass volles Brett durch die Pfütze unmittelbar vor uns fährt und uns von oben bis unten nass spritzt.

Zugegeben, es ist eine Kunst in solchen Momenten optimistisch zu bleiben, doch das Schöne an Kunst ist, dass sie im Auge des Betrachters liegt und man viele Techniken erlernen kann. Also lass uns lernen und die Welt um uns herum etwas angenehmer gestalten.

Da stehst du also alleine da. Bis auf die Knochen nass und durchgefroren, das vorbeifahrende Auto steuerte den altbekannten Tropfen bei, welcher das Fass zum Überlaufen bringt, doch insgeheim ist dir nicht nur nach Überlaufen. Viel mehr drohst du zu explodieren. Du würdest gerne schreien, hemmungslos weinen, vielleicht sogar deiner Wut freien Lauf lassen und am liebsten etwas zerstören. Nachvollziehbar. Schließlich hast du in den letzten Tagen, Wochen und Monaten, womöglich Jahren genug ertragen. Genug ausgehalten, genug geschluckt und der angestaute Schmerz will nun raus. Doch was bringt es dir?

Natürlich, zunächst Erleichterung. Du explodierst und für einen Moment fühlt es sich unheimlich befreiend an. Der Druck, der sich aufgestaut hat ist entwichen, der Anspruch irgendwelchen Erwartungen gerecht zu werden für einen Augenblick vergessen, der Schmerz ausgeblendet.

Und dann? Schon nach kürzester Zeit kehrt eine unheimliche Stille ein. Du siehst dich um und siehst die Zerstörung, viel schlimmer, du spürst sie. Sie ist allgegenwärtig. Der Schmerz ist nach wie vor da, womöglich noch deutlicher und intensiver, denn offensichtlich hat die Explosion überhaupt nichts genützt. Du spürst, wie der Druck wieder wächst, doch diesmal ist der Schmerz nicht allein, denn er bringt seine guten Freunde Scham und Verzweiflung mit. Also stehst du immer noch da. Immer noch alleine, durchgefroren und nass bis auf die Knochen und es geht dir kein bisschen besser. Eher im Gegenteil.

***

Neues Arschloch, neues Glück.

Wieder kommt ein Auto vorbei und selbstverständlich fährt auch das durch die übergroße Pfütze vor deinen Füßen. Wieder spritzt es dich von oben bis unten nass, doch diesmal siehst du keinen Sinn darin auszurasten. Die Situation ist genauso aussichtslos wie sie schon vor fünf Minuten war, doch du beginnst zu lachen.

Zunächst ist es eher ein leises Grunzen, doch mit jeder Sekunde wird es lauter und schallender. Schon nach kürzester Zeit beginnen die Bauchmuskeln zu kneifen, du japst nach Luft und vor lauter Lachen fließen die Tränen.

Völlig idiotisch, ich weiß. Und dennoch.

Nach ein paar Minuten hörst du auf. Du holst tief Luft und es wird ruhig um dich herum. Die Situation ist immer noch dieselbe, doch der Schmerz ist irgendwie weniger geworden und auch der Druck fühlt sich nun nicht mehr so schlimm an. Irgendwie ist alles ein kleines bisschen erträglicher geworden.

In den ersten beiden Lektionen hast du dir bewusst gemacht, was dir Freude bereitet. Wenn also der nächste Regenschauer droht oder es bereits in Strömen gießt, fang an mit diesen klitzekleine Energieboostern Funken zu sprühen. Wenn's nötig ist und du die Möglichkeit dazu hast gieß noch etwas Öl dazu, damit die vielen kleinen Funken ein Feuer entfachen, dass den Regen zwar nicht stoppt, aber dir Licht und Wärme in dieser ungemütlichen Zeit spendet.

Lektion 5

Du willst es? Hol es dir!

Natürlich bedeutet es nicht, dass du über Leichen gehen oder ohne Rücksicht auf Verluste handeln sollst, dennoch solltest du dich nicht zurückstellen, sondern dir selbst der oder die Nächste sein.

Meist wird uns schon in der Kindheit eingetrichtert uns zurückzuhalten.

„Sei brav!"

„Benimm dich!"

„Teil' dein Spielzeug!"

„Hör auf ständig nur an dich zu denken."

Und nicht zuletzt, der wahrscheinlich meist gesagte und meistgehasste Satz überhaupt: „Denk' doch mal an diejenigen, die es nicht so guthaben."

Prinzipiell richtig. In einem funktionierenden System – sei es die Familie oder die Gesellschaft um uns herum – gehört eine gehörige Portion Rücksichtnahme zu einem friedvollen Miteinander dazu. Doch wohin führt die seit der Kindheit eingehämmerte Rücksichtnahme? Und wo bleibt das friedvolle Miteinander beim Blick auf viele Familien und erst recht auf die Gesellschaft.

Diese Frage lässt sich ziemlich einfach beantworten: Zu nichts.

Doch ganz so einfach ist es leider nicht. Die Gesellschaft als Ganzes profitiert davon, immerhin gehören Mord und Totschlag nicht zu unseren alltäglichen Erlebnissen und auch sonst sind wir als Gesellschaft nicht mal annähernd so verkorkst wie die Schwarzmaler es uns weismachen wollen. Und auch die meisten Individuen haben's dank der Rücksichtnahme der anderen etwas leichter im Leben. Schließlich werden die wenigstens von uns bestohlen, aus ihren Häusern vertrieben oder auch nur beschimpft. Doch am meisten profitieren davon die Arschlöcher. Diejenigen, die selbst keine Rücksicht nehmen, aber sie regelmäßig einfordern oder zumindest nicht ablehnen. Dabei reden wir hier nicht einmal von Psychopathen oder Soziopathen deren Krankheitsbild ein friedvolles soziales Miteinander nahezu ausschließt, sondern von stinknormalen Egoisten.

Die Leidtragenden sind all jene, die sich die gebetsmühlenartigen Bitten ihrer Umgebung auf die Fahnen geschrieben haben und sich immer wieder zurückstellen, nur um nicht aus der Reihe zu tanzen. Dabei ist Egoismus – richtig dosiert – unheimlich wichtig, um unbeschadet durchs Leben zu kommen. Denn letztlich ist jeder für seinen eigenen Arsch verantwortlich. Also hör endlich auf dich permanent selber zurückzustellen und dich mit falschverstandener Rücksichtnahme kleinzuhalten.

Hör auf es jedem recht machen zu wollen und finde heraus, was du willst. Was sind deine Bedürfnisse?

Was macht dich glücklich? Worauf legst du Wert? Hör in dich hinein und spreng' die Ketten der Konventionen. „Das gehört sich doch nicht", auch wenn's nur dein eigener Gedanke ist, sollte ab sofort der Vergangenheit angehören, denn solange du niemandem mit deinem Verhalten willentlich oder wissentlich schadest, sollte es völlig uninteressant sein, ob es sich gehört oder nicht, solange es dich glücklich macht.

Bunte Haare, flippige Klamotten? Go for it!
Der Job macht dich schon lange nicht mehr glücklich, aber bis zur Rente sind es ja nur noch 20 Jahre und in deinem Alter sollte man doch wohl angekommen sein? So ein Quatsch! Erfinde dich neu.
Der Kontakt zu jemandem setzt dir zu, aber „es gehört sich so" ihn aufrechtzuerhalten, weil der- oder diejenige zur Familie gehört oder ihr schon lange befreundet seid? Blödsinn! Brich die Brücken hinter dir ab und sieh' in eine friedvollere Zukunft, ohne belastende Pflichtbesuche oder reduziere den Kontakt zumindest auf ein Minimum, mit dem du gut leben kannst.

Werde in gesundem Maße egoistisch und fang an in erster Linie an dich zu denken. Denn du solltest stets der wichtigste Mensch in deinem Leben sein.
„Aber, aber, aber, ... „ich kann deine Einwände förmlich hören. Natürlich heißt es nicht, dass du deine Bedürfnisse über die Bedürfnisse aller stellen sollst.

Und sicherlich wirst du deine Schwierigkeiten damit haben eine Vielzahl davon durchzusetzen, wenn du nicht gerade frei von jeglichen Verpflichtungen bist. Wenn du Kinder hast, Angehörige pflegst, einer Arbeit nachgehst und, und, und. Vermutlich sind einige deiner Einwände sogar völlig berechtigt, bedenke aber, dass die Menschen, die auf dich angewiesen sind, ohne dich aufgeschmissen sind, also mach dich zum wichtigsten Menschen in deinem Leben und gönn' dir ein wenig Egoismus, damit du auch weiterhin für andere da sein kannst, wenn du es denn willst.

Lektion 6
Hör auf traurige Musik zu hören

Ernsthaft! Hör auf damit.

Traurige Musik oder Lieder, die wir mit traurigen Ereignissen assoziieren haben die Macht Ventile zu öffnen und manchmal ist es richtig gut und befreiend. Aber eben nur manchmal. Hörst du dieselben Lieder auf Dauerschleife und verspürst keinerlei Befreiung bewirken sie nämlich genau das Gegenteil und ziehen dich runter. Denn Musik hat eine unglaubliche Macht. Es gibt zahlreiche Studien dazu wie Musik unsere Stimmung, unsere Vitalwerte und sogar unsere Leistung verändert und das ist wunderbar, denn richtig angewendet gibt sie uns unheimlich viel Kraft. Alternativ dazu bildet sie den Tropfen, der das Fass zum Überlaufen bringt und auch das ist gut, wenn sich in unserem Fass viel zu viel angestaut hat, aber sich weigert rauszukommen. Doch was passiert, wenn du ständig traurige Musik hörst? Am Anfang verschafft sie dir Erleichterung. Sie gibt dir die Gelegenheit vor allem deine negativen Emotionen zu sortieren und in der Tat ist da dieses wohlige Gefühl. Doch mit der Zeit verschwindet der positive Effekt nach und nach und übrig bleiben nur noch die negativen Erinnerungen, Gefühle und Gedanken.

Mit jedem weiteren traurigen Lied steigert sich deine Trauer und ehe du dich versiehst, befindest du dich in einer Abwärtsspirale.

Nach und nach kippt deine Stimmung immer weiter und plötzlich ist diese traurige und negative Grundstimmung allgegenwärtig.

Im schlimmsten Fall gesellen sich grenzenloses Selbstmitleid und Resignation hinzu und kaum, dass du dich versiehst, befindest du dich am unteren Ende der Spirale. Der Aufstieg ist bekanntlich schwer und mit viel Arbeit verbunden, also sorge rechtzeitig vor und überdenke hin und wieder deine Playlist.

Lektion 7

Strahle heller als jeder Diamant

Du möchtest glücklicher und zufriedener sein? Dann beginne zu strahlen.

Nun wirst du womöglich sagen, dass du das Buch nicht lesen würdest, wenn du Grund zu strahlen hättest und subjektiv betrachtet stimmt es vielleicht sogar, doch ich muss dich berichtigen. Denn aus meiner Sicht hast du mehr als nur einen Grund, du musst lediglich das Bewusstsein dafür entwickeln.

Denk doch nur an die ganzen Minibooster, die du in den letzten Tagen und Wochen für dich entdeckt hast. Sie bereiten dir Freude, ein wohliges Gefühl oder steigern aus welchem Grund auch immer deine Zufriedenheit, Laune, was auch immer, sonst hättest du sie schließlich nicht zu deinen Miniboostern ernannt. Und diese Tatsache ist schon mal die halbe Miete, jetzt musst du nur noch deiner Freude Ausdruck verleihen. Du ahnst es vermutlich schon – indem du strahlst.

Hörst du dein Lieblingslied? Dann schenke dir ein Lächeln. Du siehst die ersten Schneeglöckchen und freust dich drüber? Schenk' dir ein Lächeln. Dir wird warm ums Herz, weil du eine schöne Situation beobachtet hast? Schenke dir ein Lächeln.

Ich könnte jetzt noch zig weitere Beispiele anbringen, aber ich bin mir ziemlich sicher, dass du das Prinzip verstanden hast. Dabei muss es keins dieser eingemeißelten Psycholächeln sein, bei denen Außenstehende das Bedürfnis entwickeln die Flucht zu ergreifen. Es reicht schon ein kleines Schmunzeln. Nur ein leichtes Heben der Mundwinkel, ein kleines Lächeln eben. Wieso ist das so wichtig? Schließlich haben wir uns bereits darauf geeinigt, dass die Minibooster nur winzig kleine Kleinigkeiten sind.

Ganz einfach, spürst du Freude, wenn auch nur ganz winzig und verleihst dem Ganzen auch noch Ausdruck, wenn auch nur ganz leicht, sind deine Emotionen und deine Mimik, ggf. auch die Körpersprache im Einklang und das verstärkt den Effekt, sodass du aus dem noch so kleinen Minibooster das Maximum rausholen kannst.

Dein Gehirn empfängt direkt mehrere Signale für Freude und erkennt ein Muster. Freust du dich nur innerlich, ist es zwar ganz nett, aber auch nichts von großer Bedeutung schließlich empfängt dein Gehirn nur dieses eine Signal. Empfängt dein Gehirn hingegen deine positiven Emotionen, die Impulse, die ein leichtes Lächeln über die Nerven sendet und kommen dann auch noch die durch das Lächeln hervorgerufenen Lachfältchen dazu, welche ebenfalls Nerven triggern, die dann weitere Impulse ans Gehirn senden, sind das gleich drei Signale, die keine Zweifel mehr daran zulassen, dass es sich dabei um echte Freude handeln muss. Ganz gleich wie nichtig und klein der Anlass auch sein mag, dein Gehirn erkennt das Muster und reagiert einzig richtig, indem es eine ordentliche Portion Glückshormone ausschüttet.

Je mehr Glückshormone, desto besser, schließlich hebt sich dadurch deine Grundstimmung, dies führt dazu, dass du offener für weiter Minibooster und die daraus resultierende Freuden wirst und baut gleichzeitig eine, wenn zunächst auch kleine Resistenz gegenüber negativen Emotionen auf.

Apropos Resistenz! Auf zur Lektion 8

Kleiner Funfact am Rande:
Während ich dieses Kapitel schreibe, sitze ich in einer Einkaufspassage und vertreibe mir etwas Wartezeit. Vor einigen Minuten hat sich ein älterer Herr neben mich gesetzt. Auf seinem Gesicht zeichnet sich ein kaum wahrnehmbares Lächeln ab. Er isst genüsslich ein Eis. So genüsslich, dass immer mal wieder ein leises „mhh" in allen erdenklichen Variationen zu hören ist. Klingt irgendwie creepy, ich weiß. Zwischendurch ist ein leises Summen zu hören. So leise, dass es mir nicht möglich ist eine bestimmte Melodie zu erkennen, auch wenn das Summen sehr melodisch klingt. Noch bevor ich diese Zeilen zu Ende geschrieben habe, hat er aufgegessen und zieht sichtlich zufrieden davon.

Auch wenn die Situation auf den ersten Blick etwas seltsam war, muss ich auf den zweiten Blick gestehen, dass er den Dreh mit dem Strahlen echt draufhatte und irgendwie bringt diese Tatsache auch mich zum Strahlen. Deutlich mehr als es vermutlich angemessen wäre, Schuld daran ist wohl die viele Übung darin, sich über Kleinigkeiten zu freuen.

Lektion 8

Resistere!

Schlägt man das Wort im Wörterbuch nach, findet man gleich mehrere Bedeutungen. An erster Stelle findet man, was man auch schon vermuten könnte, „widerstehen" und "Widerstand leisten". Klingt ja auch logisch. Doch direkt dahinter kommen „ertragen", „durchhalten" und „aushalten" zum Vorschein und genau um die drei geht es auch in dieser Lektion. Jetzt fragst du dich vermutlich wie viel du noch aushalten, ertragen und durchhalten sollst und das zurecht. Doch ich bin mir ziemlich sicher, dass ich dir an dieser Stelle eine neue Perspektive aufzeigen kann.

Die wenigsten von uns finden sich mit irgendwas ab, selbst wenn wir das nach außen hin kommunizieren und manchmal sogar selber glauben. Innerlich bleibt immer noch ein kleiner Rest Hoffnung. Gleichzeitig brodelt es mal mehr mal weniger in uns, die Unzufriedenheit meldet sich zu Wort. Natürlich ist es legitim, erst recht, wenn die Situation nicht zufriedenstellend bis scheiße ist, auf der anderen Seite kostet uns diese Unzufriedenheit unheimlich viel Kraft, die wir an anderer Stelle viel sinnvoller nutzen könnten. Schauen wir uns die nächste Metapher an, um es zu verdeutlichen.

Stell dir vor du gehst die Straße entlang und womöglich ist dein Ziel sogar schon in Sichtweite. Selbst wenn nicht, du weißt, was du ansteuerst, und im Bestfall kennst du sogar den Weg.

Es frischt auf, doch du gehst unbeirrt weiter. Der Wind wird immer stärker, Laub wirbelt auf und irgendwo unweit von dir hörst du einen Werbeaufsteller umstürzen. Deine Sinne sind geschärft und du achtest nun vermehrt auf deine Umgebung und die potenziellen Gefahren, dennoch verlierst du dein Ziel nicht aus den Augen.

Mit jedem Meter wird es stürmischer und nun setzt auch noch der Regen ein. Erst sind es nur vereinzelte Tropfen, doch auch sie werden immer mehr. Wie eine Schildkröte ziehst du den Kopf zwischen die Schultern ein, als würde es dir irgendwie helfen und setzt deinen Weg fort. Du hast dich mit den äußeren Bedingungen abgefunden und kämpfst dich zu deinem Ziel. Gleichzeitig schimpfst du innerlich auf das furchtbare Wetter, das Timing und dein dich immer begleitendes Pech. Indessen wird der Sturm immer stärker. Wenn's richtig blöd läuft, fegt dich der Wind von den Beinen, denn nachdem du dich schon eine ganze Weile durch den Sturm gekämpft und dich regelrecht verausgabt hast, fehlt es dir schlichtweg an Kraft, um dagegen anzukommen.

Dein Ziel ist weiterhin in Sichtweite doch in diesem Moment rückt es in unerreichbare Ferne. Du bist traurig, wütend, doch vor allen Dingen bist du erschöpft.

Zu erschöpft, um dein Ziel zu erreichen, zu müde, um weiter gegen die äußeren Bedingungen anzukämpfen und viel zu kaputt, um die Situation objektiv zu betrachten.

Du resignierst. Im schlimmsten Fall versuchst du weiter dagegen anzukämpfen und die Resignation tritt etwas später dafür dann aber auch umso heftiger ein. Das Ergebnis sind Frust, Traurigkeit und ein schrumpfendes Selbstbewusstsein, schließlich bist *DU* wieder gescheitert. Alternativ dazu wären da noch die äußeren Bedingungen, schließlich hättest du es ganz bestimmt geschafft, wenn nur der Regen und der Sturm nicht gewesen wären. Am Ergebnis ändert die Schuldfrage jedoch nichts, denn am Ende bleiben in beiden Fällen nur der Frust, die Traurigkeit und das schrumpfende Selbstbewusstsein.

Stellen wir uns nun die exakt gleiche Situation vor und verändern nur ein einziges Detail. Wieder bist du unterwegs, wieder ist das Ziel in Sicht und wieder scheint es das Wetter nicht gut mit dir zu meinen. Und auch wenn du zu Beginn deinen Weg vielleicht noch fortsetzt, optimistisch wie du bist, stellst du schnell fest, dass der Gegenwind immer stärker wird. Der Regen peitscht dir ins Gesicht und obwohl du kaum vorankommst, kostet es dich ausgesprochen viel Kraft. Du bleibst stehen, fokussierst dein Ziel und hältst inne. Es vergehen einige Sekunden, in denen du einfach nur dastehst.

Trotz des tobenden Sturms herrscht eine herrliche Ruhe und diese Ruhe ermöglicht dir einen objektiven Blick auf das Geschehen. Dein Ziel, der Sturm, deine schwindende Kraft. Du drehst dich langsam um, bis du deinem Ziel den Rücken gekehrt hast. Du kannst es nicht mehr sehen, doch es ändert nichts daran, dass es immer noch in unmittelbarer Nähe ist. Außerdem ist der peitschende Wind im Rücken deutlich angenehmer als im Gesicht. Du atmest tief durch, spielst vielleicht sogar mit dem Gedanken dich irgendwo unterzustellen. Immerhin hast du nun wenigstens einen freien Blick auf die Unterstellmöglichkeiten, jetzt wo dir weder Wind noch Regen ins Gesicht peitschen. Du hast dich mit den äußeren Bedingungen abgefunden. Du erträgst sie, hältst durch und hältst aus.

Selbstverständlich werden auch bei dieser Variante Traurigkeit und Frust entstehen, schließlich hast du dein Ziel noch nicht erreicht, doch aufgeschoben ist ja bekanntlich nicht aufgehoben und das tröstet immerhin ein wenig. Gleichzeitig hast du noch ausreichend Kraft, um den Sturm abzuwarten und deinen Weg anschließend fortzusetzen. Du hast keinen Grund zur Resignation und auch die Frage nach der Schuld erübrigt sich völlig. Falsche Zeit, falscher Ort, manchmal ist das (L)eben so.
Dein Selbstbewusstsein hat nicht gelitten, ganz im Gegenteil, es bekommt sogar die Gelegenheit zu wachsen, schließlich hast du die Situation sehr bewusst

wahrgenommen und eine bewusste Entscheidung zu deinen Gunsten getroffen. Deine Fähigkeiten, Möglichkeiten und Bedürfnisse gegen die äußeren Bedingungen und Hindernisse aufgewogen, deine Ressourcen geschont und im Bestfall für die Zukunft gelernt.

Wie du siehst, erreichst du, wie so oft im Leben, bei einer absolut identischen Ausgangssituation mit unterschiedlichen Herangehensweisen zwei völlig unterschiedliche Ergebnisse. Vergiss also nie, dass dich der Kampf gegen den Gegenwind unheimlich viel Kraft kostet, die du an anderer Stelle nutzen kannst.

Hör auf zu kämpfen und deine Kraft sinnlos zu verschwenden und besinne dich lieber darauf, wie du möglichst unbeschadet durch den Sturm kommst, um anschließend deine Kräfte zielgerichtet und vor allen Dingen gewinnbringend einsetzen zu können.

Exakt das Gleiche gilt übrigens für all die Situationen, in denen du über deinen eigenen Schatten springen sollst, was wie jeder weiß, unmöglich ist. Drehst du hingegen der Lichtquelle den Rücken zu, hast du deinen Schatten, ohne großen Aufwand, hinter dir gelassen. Manchmal ist nämlich die Veränderung der Perspektive das Einzige, was wir tun müssen, um voranzukommen.

Wie du siehst, muss „ertragen", „durchhalten" und „aushalten" nicht zwangsläufig negativ sein und bringt uns manchmal wesentlich weiter als „Widerstand zu leisten".

Lektion 9
Folge dem Beat

Dass Bewegung Endorphine freisetzt, ist nichts Neues, doch Sport ist nicht jedermanns Sache, also mach es dir ganz einfach und folge dem Beat.

Dreh die Musik auf, ruhig etwas lauter und lass dich von ihr leiten. Tippe mit den Fingern, wippe mit dem Bein, wackel mit dem Hintern oder raste von mir aus völlig aus. Je nachdem wie es dir beliebt und wo du dich gerade befindest.

Sowohl die Musik als auch die Bewegung setzen Glückshormone frei und Glückshormone haben ihren Namen nicht von ungefähr. Und komm mir bitte nicht mit dem Argument du könntest nicht tanzen. Denn bereits im Säuglingsalter ist das menschliche Gehirn in der Lage Rhythmen wahrzunehmen und ihnen schon bald mit rhythmischen Bewegungen zu folgen. Außerdem verlangt niemand von dir die perfekte Choreografie.

Also worauf wartest du? Fang an!

PS.:

Neuste Studien belegen sogar eine positive Wirkung bei Depressionen. Wenn du also dir und deiner mentalen Gesundheit etwas Gutes tun möchtest, dann dreh die Musik auf und folge dem Beat.

Lektion 10

In der Ruhe liegt die Kraft

Du wirst es vermutlich nicht hören wollen, aber um ausgeglichen und infolgedessen auch glücklich sein zu können brauchst du ausreichend erholsamen Schlaf. Leiden wir über einen längeren Zeitraum an Schlafmangel, reduziert sich neben unserer Konzentration auch die Ausschüttung der Glückshormone Serotonin und Endorphin. Infolge diverser gestörter Abläufe in unserem Körper wird unser Immunsystem geschwächt und wir werden nicht nur anfälliger für Infektionen, sondern auch schmerzempfindlicher. Mangelnder Schlaf macht uns reizbarer, aber auch lethargischer und kann sogar, wenn wir über einen längeren Zeitraum am Schlafdefizit leiden, Depressionen begünstigen. Auf der anderen Seite ist zu viel Schlaf ebenfalls nicht gut, denn ein dauerhaft erhöhtes Schlafbedürfnis steht ebenfalls im Zusammenhang mit Depressionen.

Fazit: Wir brauchen ausreichend erholsamen Schlaf, ohne dabei den ganzen Tag zu verschlafen. Dabei geht es mir nicht darum, dass du auf deine Otto-Normal-Empfehlungen von acht Stunden täglich kommst, täglich um 21 Uhr im Bett liegst und selig schlummerst oder aber nie wieder ausschlafen darfst.

Vielmehr solltest du deinen eigenen Schlafbedarf ermitteln und deinen Tagesrhythmus entsprechend anpassen. Vielleicht solltest du nebenbei ein kleines bisschen auf die Schlafqualität achten und dir hin und wieder ein paar Ruhephasen gönnen, damit, zumindest auf der körperlichen Ebene, alle Voraussetzungen zum Glücklichsein geschaffen werden.

Doch wie findest du heraus, wie viel Schlaf du benötigst? Zum einen gibt es in der heutigen Zeit diverse Schlaftracker und Smartwatches, die dir anhand der gemessenen Daten Auskunft darüber geben, doch du kannst es auch ganz ohne Hightech ermitteln. Dank der Wissenschaft wissen wir, dass ein Schlafzyklus – bestehend aus Einschlafphase, Leichtschlafphase, Tiefschlafphase und REM-Schlafphasen – 90 - 110 Minuten lang dauert. Rechnet man diese Zeiten nun hoch, findet man die optimale Schlafdauer schnell heraus, indem man sich Stück für Stück herantastet und darauf achtet, wann man sich besonders gut erholt fühlt.

Kleiner Tipp am Rande:
Sollte dich dein Wecker regelmäßig aus den spannendsten Träumen reißen, spricht es dafür, dass du dich zu dieser Zeit mitten in der REM-Phase befindest. Da diese Phase circa 20-30 Minuten dauert, empfiehlt es sich die Schlafenszeit ein wenig nach vorne, oder aber die Aufstehzeit ein wenig nach hinten zu verschieben.

In den meisten Fällen gibt uns der Wecker aus guten Gründen vor, wann wir aufstehen müssen, also bleibt dir bei der Anpassung nicht viel Spielraum. Und damit kommen wir auch schon zum nächsten Thema: Das Einschlafen.

Laut der Schlafforscher dauert die Einschlafphase durchschnittlich 5-10 Minuten. Sollte das auch bei dir der Fall sein, gehörst du zu den Glücklichen Menschen ohne Schlafprobleme. Solltest du jedoch regelmäßig länger als 10 Minuten zum Einschlafen benötigen, solltest du dir die Tipps aus den folgenden Absätzen zu Herzen nehmen.

Einer der wichtigsten Tipps ist: Hör auf deinen Körper und geh schlafen, wenn du müde bist! Ja, ja ich weiß, ich habe gut reden, aber genau das ist eins der besten Mittel gegen Einschlafschwierigkeiten und das habe ich in zahlreichen Gegenstudien am eigenen Leib erprobt.

Nur noch dieses Kapitel beenden, nur noch diese Folge schauen, nur noch dies und nur noch das – ich kenne es zu gut, doch genau das ist der größte Fehler, den du machen kannst. Sobald du beginnst gegen deine Müdigkeit anzukämpfen, gibt es exakt zwei Möglichkeiten.

Möglichkeit Nummer 1:

Die Müdigkeit siegt und du schläfst trotzdem ein. Ob nun mit dem Buch in der Hand, auf dem Sofa vor dem Fernseher oder auch am Schreibtisch. Sobald du wach wirst, beginnst du dich zu ärgern und von Erholung ist keine Spur. Denn das Kapitel hast du trotzdem nicht geschafft, die halbe Folge verschlafen und die Arbeit, die du unbedingt zu Ende bringen wolltest, ist auch noch nicht getan.

Und anstatt sich umzudrehen und weiterzuschlafen, musst du dich jetzt auch noch umziehen und/oder ins Bad. Die Wahrscheinlichkeit, dass die Schlafposition nicht gerade ideal war, ist auch nicht zu unterschätzen, doch das merkst du erst, wenn sich dein Nacken oder Rücken melden. Wer kennt's nicht?

Möglichkeit Nummer 2:

Du besiegst deine Müdigkeit und dein Körper aktiviert seine ganzen Reserven. Klingt prinzipiell super – nicht wahr? Allerdings ist unser Körper stets auf Effizienz bedacht, also reichen die freigesetzten Reserven nicht nur für die paar Seiten bis zum Ende des Kapitels oder diese eine Folge, sondern weit darüber hinaus. Was liegt da also näher, als das nächste Kapitel oder die nächste Folge anzufangen? Genauso naheliegend wie das Schlafdefizit am nächsten Tag.

Leider bleiben die freigesetzten Reserven selbst dann aktiv, wenn du dich ganz vorbildlich ins Bett legst. Wach ist wach. Du liegst da, wälzt dich hin und her, fängst im schlimmsten Fall an zu grübeln und bist am nächsten Morgen alles andere als erholt. Die einzige sinnvolle Lösung ist dummerweise konsequent zu sein und auf deinen Körper zu hören. Merkst du die ersten Müdigkeitsanzeichen, solltest du darauf reagieren und dich zeitnah schlafen legen, um ausreichend erholsamen Schlaf zu bekommen.

Alles andere – wenn es nicht gerade brennt oder jemand blutet – kannst du auch noch am nächsten Tag nachholen.

Aber was tun, wenn du trotz Müdigkeit nicht einschlafen kannst? Da liegst du also, bist müde und an und für sich könnten dir die Augen zufallen, wenn da nur nicht diese vielen Gedanken wären.

Anstehende Verpflichtungen, Sorgen, Ängste, die erst wie kleine Fetzen in deinem Kopf aufblitzen, um sich dann in ihrer Masse zu einem heftigen Tornado zu formieren. Einem Tornado, der durch deinen Kopf fegt, dir all deine unerledigten To-Do's aufzeigt, all die vergessenen Anrufe und Erledigungen ins Gedächtnis ruft und dir all deine Ängste und Zweifel vor Augen führt. Ein Strudel aus quälenden Gedanken flutet deinen Kopf. Ganz egal wie sehr du dich bemühst, es gelingt dir nicht sie zu verdrängen.

Du drehst dich immer wieder von einer Seite auf die andere, drückst den Kopf noch etwas tiefer ins Kissen und die Augen noch etwas fester zu, aber es ändert nichts an der Situation. Und obwohl du völlig erschöpft bist, kannst du einfach nicht einschlafen.

Stattdessen gesellen sich noch Unzufriedenheit und Frust zu all den Gedankengängen hinzu. Du merkst, wie die Zeit vergeht, rechnest aus, wie lange du noch schlafen könntest, wenn es dir doch nur endlich gelingen würde einzuschlafen und verzweifelst an deiner verzwickten Lage. Auch diese Situation wird den meisten von uns bekannt vorkommen, doch auch hier gibt es Abhilfe.

Mein Tipp an dieser Stelle lautet: Autogenes Training Vielleicht hast du es schon mal gehört und vielleicht hast du es sogar schon mal ausprobiert. Vielleicht gehörst du aber auch zu den Menschen, die das für Unfug halten oder die von sich behaupten, dass sie die ruhigen Klänge und das „Gesülze" aggressiv macht. Willkommen im Club. Auch ich bin schnell von ruhigen Klängen und der besonders betonten, ruhigen Sprechweise, die für solche Programme üblich ist, genervt. Doch als ich vor einigen Jahren unter extreme Einschlafproblemen litt und teilweise stundenlang wach lag, ehe es mir gelang vor lauter Erschöpfung einzuschlafen, nur um ein paar Stunden später von meinem Wecker aus dem Schlaf gerissen zu werden, gab ich dem Ganzen eine Chance.

Ohne mir davon etwas zu versprechen, öffnete ich YouTube und gab „Autogenes Training" in die Suchleiste ein. Eins der Vorschaubilder hatte mich besonders angesprochen und so klickte ich drauf. Die Stimme klang ruhig, die Sprechweise betont, aber dennoch angenehm und so entschied ich mich es auszuprobieren. Das Video dauerte gerade mal 11 Minuten, also legte ich mich ins Bett, startete das Video neu, legte das Handy mit dem Display auf den Nachttisch, um nicht von der Helligkeit gestört zu werden und ließ mich darauf ein.

Als ich wieder wach wurde, fühlte ich mich wie neugeboren. Damals waren meine Kinder 2,5 Jahre und 3 Monate alt, dementsprechend hatte ich zu diesem Zeitpunkt seit circa 3 Jahren keine Nacht mehr durchgeschlafen.

Von der Wirkung überzeugt, machte ich ab diesem Tag jeden Abend vor dem Schlafengehen das Video an. Meine Einschlafstörungen waren im Nu vergessen und das für mich Erstaunlichste war, dass ich erst viele Jahre später erfahren habe, wie das Programm endet, da ich bis dahin grundsätzlich vor Ablauf des Videos eingeschlafen war. Da ich nun prima einschlafen konnte, habe ich schon nach zwei-drei Wochen auf das autogene Training verzichtet.

Erst Jahre später geriet meine Schlafqualität erneut ins Wanken. Ich lag plötzlich eines Tages wach im Bett und konnte ums Verrecken nicht einschlafen.

Da war doch mal was, das autogene Training fiel mir wieder ein, da ich aber bereits einige Zeit mit geschlossenen Augen im Dunkeln dalag, hatte ich nur wenig Lust mich von meinem Handy blenden zu lassen. Ich dachte an den Anfang des Videos und die darin vorkommenden Worte, die im Übrigen immer nach dem gleichen Schema aufgebaut sind.

Gedanklich sprach ich sie langsam aus und befolgte die Anweisungen zur Atmung und Entspannung. Erst am nächsten Morgen stellte ich erstaunt fest, dass bereits dieser kleine Gedankengang den gewünschten Effekt brachte. Ich war innerhalb weniger Minuten eingeschlafen, ohne dass ich es einmal mitbekommen habe, denn mein Gehirn hatte diese Struktur bereits vor Jahren erlernt und musste sie nur noch abrufen.

In den nächsten Tagen wurde es zu meinem kleinen Einschlafritual und bereits eine Woche später benötigte es keiner Unterstützung mehr, sodass ich wieder ganz ohne das Zutun von irgendwelchen Entspannungsübungen einschlafen konnte.

Die Wirkung des autogenen Trainings beeindruckte mich so sehr, dass ich damit anfing meine Erfahrungen in meinen Coachings mit all den schlaflosen Skeptikern zu teilen. Dabei durfte ich dann feststellen, dass mein Gehirn das Training derart mit Entspannung und Müdigkeit assoziierte, dass ich während meiner Erläuterungen zu Gähnen begann. Und tatsächlich ergeht es mir auch so, während ich diese Zeilen schreibe, denn die Struktur ist nun vermutlich bis in alle Ewigkeit in mein Hirn gebrannt.

Aber nun genug vom Schlaf, bevor mir noch während des Schreibens die Augen zufallen, denn schließlich sollten wir uns Ruhe auch außerhalb der Schlafphasen gönnen.

Vermutlich kennst du diese Tage an denen du vergeblich Ausschau nach Lust und Motivation hältst. Ganz egal wie sehr du es auch willst und ganz egal wie sehr dich das schlechte Gewissen auch zerfrisst, du kannst dich einfach nicht aufraffen. Und soll ich dir was verraten? Solche Tage habe ich auch ab und zu. Und ab und zu ist es auch völlig in Ordnung.

Sollten solche Phasen bei dir nicht nur ab und zu auftreten und nicht nur ein paar Tage andauern, scheue dich bitte nicht mit anderen darüber zu sprechen und dir ggf. Hilfe zu holen.

Wir können und wir müssen nicht jeden Tag 100 Prozent geben und an manchen Tagen ist auch 1 Prozent völlig okay. Wenn du also mal wieder merkst, dass einer dieser Tage ist, nimm dir bitte die Zeit und gönn dir deine Ruhe. Lies ein Buch oder sieh dir deine Lieblingsserie an. Mach ein ausgedehntes Mittagsschläfchen oder lass dir eine heiße Wanne ein und falls du keine Wanne oder eine Abneigung gegen das Baden hast, gönn dir ein paar Minuten mehr unter der heißen Dusche, während du einfach nur das warme Wasser genießt. Am besten wartest du gar nicht erst bis zu einem dieser Tage und baust diese kleinen Ruhephasen in deinen Alltag ein.

Lektion 11

Finde deine Lebensaufgabe

Die wenigsten von uns werden mit unseren Taten in die Geschichtsbücher eingehen, nichtsdestotrotz bin ich davon überzeugt, dass jeder Mensch eine Aufgabe hat. Kaum jemand wird etwas Weltveränderndes erfinden, Schlechtes ungeschehen machen oder Leben retten, aber womöglich Leben schenken, Freunden in der Not helfen oder einfach nur mit gutem Beispiel vorangehen. Wie findest du nun also raus was deine Lebensaufgabe ist?

Als allererstes sollte dein Blick nach innen gehen. Was macht dir Freude? Was erfüllt dich mit Glück? Was steigert die allgemeine Zufriedenheit? Ist es vielleicht dein Job? Unabhängig davon, ob du am neuen Medikament gegen Krebs forscht oder um 6 Uhr früh mit einem Lächeln im Gesicht den ersten Kaffee servierst und damit jemandem den Start in den Tag rettest. Vielleicht kochst du gut und gerne und teilst deine Rezepte, sodass sie auch in anderen Familien zu einem gelungenen Abendessen beitragen. Vielleicht bevorzugst du statt des englischen Rasens eine blühende Wildwiese, auf der es immerzu schwirrt und summt. Hast du womöglich immer ein offenes Ohr und bietest damit Freunden und Familie eine Insel der Zuflucht?

Und ganz vielleicht bist du einfach „nur" ein freundlicher und hilfsbereiter Mensch, der andere durch sein Verhalten zur Freundlichkeit und Hilfsbereitschaft animiert.

Wie du siehst, muss es nichts Weltbewegendes im klassischen Sinne sein, schließlich reichen schon winzige Kleinigkeiten, um dein direktes Umfeld zu beeinflussen und somit die Welt ein wenig in Schwingungen zu versetzen.

Als Zweites folgt der Blick nach außen. Deckt sich deine Selbstwahrnehmung annähernd mit der Fremdwahrnehmung? Bist du tatsächlich hilfsbereit oder ist dein Handeln eher übergriffig, weil dich statt der Hilfsbereitschaft die Kontrollsucht leitet? Rettet dein Lächeln den Start in den Tag oder stimmt es eher nachdenklich, weil jedem klar ist, dass es ein erzwungenes Lächeln war, auf das sowohl du als auch dein Gegenüber hätten verzichten können? Bist du für andere da und hörst ihnen zu, weil für dich ihr Seelenfrieden im Vordergrund steht, oder bist du lediglich auf der Suche nach neuem Klatsch und Tratsch?

Nun kommt die schwierigste Aufgabe auf dich zu, denn du musst das Ganze ehrlich und realistisch betrachten. Hast du das geschafft und stellst fest, dass es sowohl bei der Selbstwahrnehmung als auch bei der Fremdwahrnehmung zu einer Deckungsgleichheit oder zumindest zu deutlichen Überschneidungen kommt, bist du vorerst am Ziel angelangt.

Du hast deine Aufgabe gefunden und kannst nun in die Welt hinausgehen, um sie in Schwingungen zu versetzen. In klitzekleine Schwingungen natürlich, doch egal wie klein sie auch sein werden, wird der Dominoeffekt sie immer weitertragen.

Es ist fast so wie mit einem kleinen Stein, den du ins Wasser wirfst. An der Stelle, an der er ins Wasser fällt, hinterlässt er die größten Spuren, doch die Kraft des Einschlags wirkt nicht nur unmittelbar, sondern zieht Kreise. Nun wirst du vermutlich entgegnen, dass die Kreise immer kleiner werden, je mehr sie von der Mitte entfernt sind und damit hast du vollkommen recht, allerdings gibt es zwischen dem Stein im Wasser und dir und deiner Umgebung einen gravierenden Unterschied. Sowohl du als auch deine Umgebung sind fähig zur Interaktion. Wenn du also irgendwo etwas oder jemanden mit deinem Handeln bewegst, ist es sehr wahrscheinlich, dass die Bewegung nicht verhallt, wie die Kreise im Wasser, sondern an anderer Stelle aufgegriffen wird und immer weitere Kreise zieht.

Lektion 12
Wahre Liebe erzeugt Schmerz

Nein, gemeint ist nicht der Schmerz, der aus toxischen Freundschaften und Beziehungen resultiert und dich als kleines Häufchen Elend weinend in einer dunklen Ecke zurücklässt. Dennoch gilt auch in der Liebe, sei es nun amourös oder auch platonisch, dass es kein Glück ohne Leid geben kann.

Bitte verwechsle es nicht mit unechter Liebe oder Freundschaft, denn das ist ganz wichtig, um halbwegs unbeschadet durch's Leben zu kommen! Partner und Freunde, die dich aufrichtig lieben, werden dir niemals bewusst Schmerzen zufügen und sollten sie es irgendwann aus Unachtsamkeit doch einmal tun, werden sie alles daransetzen, um den Schmerz zu lindern und ihn in Zukunft – komme was wolle – zu verhindern. Gleichzeitig kennt jeder von uns vermutlich den Schmerz, der aus einer zerbrochenen Liebe oder Freundschaft resultiert. Denn ganz gleich wie echt und aufrichtig sie zuvor war, ist leider keine Bindung vor einem Ende gefeit. Vermutlich wird dir auch der Schmerz bekannt sein, der dann entsteht, wenn uns auf Grund von Umzug, unterschiedlichen Lebenswegen und anderen alltäglichen Hindernissen Hunderte und manchmal auch Tausende Kilometer trennen oder aber auch einfach nur die mangelnde Zeit.

Aber allein der Gedanke daran, dass wir unsere Lieblingsmenschen nicht ewig um uns herumhaben werden – sei es nun durch das Ende der Liebe oder aber durch etwas viel Natürlicheres, den Tod – erzeugt einen stechenden Schmerz in uns, der uns je nach Verfassung in die Knie zwingen kann.

Wie ich schon weiter oben schrieb, ist leider keine Liebe, keine Beziehung und keine Freundschaft davor gefeit irgendwann zu enden und je nachdem, was für das Ende verantwortlich ist, kann es manchmal auch sehr plötzlich und schnell von statten gehen. Umso wichtiger ist es sich auf die positiven Aspekte der Liebe zu konzentrieren.

Selbstverständlich kannst du deinen Fokus auch auf den zu erwartenden Schmerz und die damit einhergehenden negativen Gefühle legen. Auf eine mögliche Trennung, weil ihr euch vielleicht in ein paar Jahren auseinanderleben werdet. Auf das Ende der Freundschaft, weil ihr mittlerweile in verschiedenen Städten lebt und nur noch selten Zeit füreinander habt. Auf den Kontaktabbruch, weil euch euer Leben ans andere Ende der Welt geführt hat oder aber weil das Leben alle Register zieht, und dein Lieblingsmensch verstirbt. Der bloße Gedanke daran wird dir vermutlich die Kehle zuschnüren und die Tränen in die Augen treiben. Dieser unsagbare Schmerz wird plötzlich real und greifbar.

Die Angst, dass es eines Tages tatsächlich soweit sein wird steigt ins Unermessliche und plötzlich erscheint alles sinnlos und scheiße. Und wozu das Ganze? Um sich auf alle Möglichkeiten mental vorzubereiten oder vielleicht eher doch, um sich auf eine ausgesprochen masochistische Art zu quälen und sich der schönen Momente zu berauben?

Ich meine klar, natürlich sollte man stets im Hinterkopf haben, dass das Leben einem übel mitspielen kann und es das meist genau dann tut, wenn man es am wenigsten erwartet. Aber eben im Hinterkopf, denn je präsenter die Angst und der Schmerz der Zukunft in deinem Kopf sind, desto qualvoller gestaltet sich das Leben im Hier und Jetzt. Wenn du immer zu daran denkst, dass die Liebe oder Freundschaft irgendwann zerbrechen wird, wirst du zunächst all die schönen Momente wie durch einen Schleier wahrnehmen und schließlich kaum noch in diese Beziehung investieren. Wozu denn auch, wenn das Ganze vielleicht nur noch von kurzer Dauer ist? Du wirst dich unterbewusst immer mehr verschließen und zurückziehen und damit letztlich, dass von dir so gefürchtete Ende einläuten.

Schiebst du die Angst vor dem unvermeidbaren Ende (und ja, spätestens mit dem Ende des Lebens wird das Ende einer Beziehung oder Freundschaft unvermeidbar) jedoch zurück in den Hinterkopf, wo sie zwar ihre Daseinsberechtigung hat, aber dennoch im Verborgenen bleibt, erhältst du die Gelegenheit dich auf die schönen Momente in der Gegenwart zu konzentrieren. Vielleicht sind diese Momente auf Grund von Entfernung und Co. selten, aber deswegen nicht weniger wertvoll. Vielleicht ist deine Angst vor einem absehbaren Ende durchaus berechtigt, dennoch gibst du dir und auch deinem Gegenüber die Gelegenheit die Zeit, die ihr noch miteinander habt in vollen Zügen zu genießen und daraus Kraft zu schöpfen, die euch und auch eure Beziehung zueinander vielleicht sogar über so manche Hürden hinweg tragen wird.

Außerdem entwickeln wir uns im Bestfall ständig weiter, sodass es durchaus sein kann, dass uns die Ängste, die uns heute den Atem rauben schon bald nicht einmal mehr berühren. Also hör bitte auf dir unnötig den Kopf zu zermartern oder fange damit am besten gar nicht erst an. Denn ja, wahre Liebe erzeugt Schmerz, aber diesem Schmerz solltest du dich erst widmen, wenn er bereits da ist.

Lektion 13

Karma wird´s richten

Es ist schon dunkel, als ich vom Einkaufen nach Hause gehe. Auf der rechten Schulter trage ich die mäßig schwere Einkaufstasche, auf der linken Seite, die der Straße zugewandt ist, halte ich ein Bund Korkenzieherweide in der Hand. Hinter mir höre ich ein herannahendes Fahrrad, dass schon wenige Augenblicke später an mir vorbeizieht und dabei die Äste, die ich eigentlich recht nah am Körper trage, streift.

„Na dann", murmle ich leise vor mir hin und setze meinen Weg unbeirrt fort, während in meinem Kopf ein innerer Monolog beginnt.

„Der Bürgersteig ist eigentlich breit genug, darüber hinaus ist direkt daneben ein Radstreifen auf der Straße. Wobei ich es ihm ehrlich gesagt nicht verübeln kann, dass er den Streifen nicht nutzt. Dieser ist im Gegensatz zum Bürgersteig ziemlich schmal und die Autos fahren an dieser Stelle nicht besonders rücksichtsvoll. Vermutlich hätte ich mich genauso für den Bürgersteig entschieden."

Ein undefinierbares Scheppern unterbricht meine Gedanken. *Jetzt ist er auch noch über irgendwas drübergefahren.*

Einige Meter vor mir sehe ich etwas in der Größe eines Apfels auf den besagten Radstreifen rollen. Obwohl ich meine Schwierigkeiten damit habe, zu erkennen was es ist, bin ich mir ziemlich sicher, dass es sich dabei um irgendwas Elektronisches handelt.

Der Fahrradfahrer bremst und steigt ab, offensichtlich ist er nicht drübergefahren, sondern hat es während der Fahrt verloren. Er schaut suchend nach hinten und da ich mittlerweile fast auf Höhe des „Dings" angekommen bin, überlege ich darauf zu zeigen, damit er nicht lange suchen muss.

Hinter mir höre ich ein sich näherndes Auto und während ich noch überlege, wann der richtige Moment wäre auf das Teil zu zeigen, um dem Mann beim Suchen zu helfen, sehe ich wie das Auto drüberfährt und das Ding mit einem lauten Knacken in mehrere Einzelteile zerspringt.

„Oh fuck", sage ich deutlich lauter, als beabsichtigt, während der arme Kerl verlegen lächelt. „Das tut mir sehr leid für Sie", folgt einige Sekunden später, als ich an ihm vorbeigehe. Unweigerlich muss ich ein wenig ans Karma denken, auch wenn das in gar keinem Verhältnis, zu dem bisschen Streifen meiner Korkenzieherweide steht und in der Regel deutlich länger braucht, bis es seine Wirkung entfaltet. Nichtsdestotrotz lässt mich die Situation an ausgleichende Gerechtigkeit denken und die Inspiration für die nächste Lektion ist zur Stelle.

Ob du es nun Karma, Gottes Mühlen, ausgleichende Gerechtigkeit oder wie auch immer nennen möchtest, Fakt ist, dass es bei genauer Betrachtung existiert und auch wenn das Beispiel des Radfahrers absolut unverhältnismäßig ist, zeigt es den Kern des Ganzen sehr gut auf.

Was soll dich diese Lektion also lehren? Zum einen wäre da der feste Glaube daran, dass es irgendwann für jeden und alles einen Ausgleich geben wird. Leider kann ich dir zu diesem Punkt weder Studien noch Belege präsentieren, aber meine Lebenserfahrung hat mich genau das gelehrt und zeigt es mir immer wieder aufs Neue. Ob nun in Situationen in denen guten Menschen Gutes widerfährt oder in denen das nicht ganz so gute Tun der nicht ganz so guten Menschen entsprechend entlohnt wird. Und jetzt mal ganz ehrlich: Vielleicht werden wir den herbeigesehnten Ausgleich niemals mitbekommen oder erleben, doch allein der Glaube daran ist schon sehr tröstlich. Also wozu sich über jemanden oder etwas ärgern, wenn man sich entspannt zurücklehnen und auf den Ausgleich warten kann?

Zum anderen gilt der Ausgleich nicht nur für die anderen, sondern auch für dich, also sei kein Arschloch. Immer dann, wenn du etwas Nettes tun oder sagen kannst, entscheide dich dafür. Du kannst jemandem ein Lächeln schenken? Dann los. Du kannst deine Hilfe beim Ein- oder Aussteigen anbieten? Bitte. Den Postboten grüßen und dem Kassenpersonal einen schönen Tag wünschen? Tu es! Aber bitte, ohne eine Gegenleistung zu erwarten.

Tu es nicht, weil du im Gegenzug dafür etwas haben möchtest, sondern aus Überzeugung, denn auch an dieser Stelle greift dasselbe Prinzip. Auch ohne den entsprechenden Ausgleich beziehungsweise die vernarrte Erwartung daran lebt sich das Leben deutlich entspannter.

Anbei ein kleiner Pro-Tipp in Sachen Karma: Sei nett zu schlechten Menschen. Erstens werden manche von ihnen dadurch weniger garstig und resultierend draus angenehmer im Umgang und zweitens verhinderst du damit, dass ihre Negativität auf dich abfärbt. Schließlich ist es eine bewusste Entscheidung, sich darüber zu ärgern und sich dadurch die Laune vermiesen zu lassen.

Lektion 14

Schlag ein, wie ein Komet

Der Name der Lektion sagt im Grunde schon alles aus. Allerdings ist weniger die zerstörerische Kraft gemeint, die beim Einschlag eines Kometen wütet, sondern eher die Tatsache, dass Kometen, wenn sie einschlagen, langfristig Spuren hinterlassen, während Sternschnuppen, so schön wie sie auch sein mögen, innerhalb kürzester Zeit verglühen.

Was heißt das also für dich? Wenn du andere in deinem Umfeld womit auch immer begeisterst, wird es sie selbstverständlich erfreuen, doch getreu dem Motto aus den Augen, aus dem Sinn werden sie sich kaum langfristig daran erinnern. Vielleicht fällt es ihnen irgendwann wieder ein, vielleicht aber auch nicht und so werden sich die meisten Menschen, die dir in deinem Leben begegnen weder zu deinen Lebzeiten noch darüber hinaus an dich erinnern.

Schlägst du hingegen wie ein Komet ein, indem du dein Umfeld nachhaltig „beeindruckst", hinterlässt du Spuren, die deine Anwesenheit so manches Leben überdauern werden. Dabei geht es überhaupt nicht darum etwas Weltbewegendes zu tun, denn genauso wie die Minibooster in ihrer Summe wirken, ist es auch hier.

Es heißt, dass ein Mensch erst wirklich tot ist, wenn die Erinnerung an ihn nicht mehr lebt, also gehe hinaus in die Welt und sorge dafür, dass die Erinnerung an dich niemals verblassen kann, weil sie immerzu weitergetragen wird. Nur damit wir uns verstehen: Solange du es nicht mit irgendeiner Errungenschaft in die Geschichtsbücher schaffst, wird sich spätestens in 100 Jahren niemand mehr an dich erinnern. In spätestens 200 Jahren wird man nicht einmal mehr deine Existenz erahnen können, dennoch kannst du dich mit deinem Verhalten und deiner Art deinem Umfeld zu begegnen unsterblich machen und die Welt letztlich nachhaltig prägen.

Erinnern wir uns an *Lektion 7 – Strahle heller als jeder Diamant*. Stell dir vor, du nimmst dir diese Lektion zu Herzen und befolgst sie ab sofort konsequent. Ob du willst oder nicht, wirst du damit automatisch dein direktes Umfeld beeinflussen, denn dein Strahlen wird sich nicht nur auf dich beschränken, sondern die Menschen um dich herum anstecken. Ganz plump gesagt: Es färbt ab. Als direkte Folge davon beginnen die Menschen um dich herum häufiger und mehr zu stahlen und tragen damit dein Strahlen weiter. Im Grunde genommen löst du mit jedem Lächeln eine klitzekleine Kettenreaktion aus. In den meisten Fällen wirst du es nicht mal mitbekommen doch hin und wieder wird dein Strahlen, nachdem es, wie ein Boomerang seine Runde gedreht hat, zu dir zurückkehren. Und es kommt noch besser.

Mit einem einzigen Lächeln und erst recht mit deinem Strahlen hebst du die Laune der Menschen in deiner direkten Umgebung und diese Menschen, wenn sie das Lächeln weitergeben, die Laune ihrer Umgebung. Es entsteht eine Kettenreaktion. Als Konsequenz daraus steigert sich das Wohlbefinden vieler Menschen und das Konfliktpotenzial sinkt, denn dort wo viele Endorphine herumschwirren, ist nur wenig Raum für Negatives.

Natürlich wirst du so keine Kriege verhindern können, aber die Welt um dich herum insgesamt ein kleines bisschen besser machen.

Lektion 15

Knüpfe und pflege Kontakte
Erst recht, wenn sie oberflächlich sind

Im Grunde sagt der Titel der Lektion schon alles aus, dennoch gehe ich gerne näher darauf ein.

Bereits 1624 ließ John Donne uns wissen, dass „Niemand [...] eine Insel [ist]" und tatsächlich ist der Mensch, ganz im Gegenteil, ein durch und durch soziales Wesen, was nicht zuletzt das absolut grausame Experiment von Friedrich II im Jahr 1240 bewies, bei dem eine Gruppe Säuglinge lediglich mit Nahrung und Körperpflege versorgt wurde, während ihr jegliche Zuneigung, Interaktion, ja gar jeglicher Blickkontakt verwehrt wurde. Obwohl die Kinder mit dem Nötigsten versorgt wurden, verstarben alle innerhalb der ersten Lebensjahre. Sodass man nach heutigen Erkenntnissen davon ausgehen muss, dass ein Mensch auf die soziale Interaktion für eine „normale" Entwicklung, gar für das Leben an sich, angewiesen ist.

Wie gut uns das Miteinander tut, merken wir spätestens dann, wenn wir mal wieder etwas Zeit mit unseren Lieblingsmenschen verbringen und dabei fast schon zusehen können, wie unser Akku wieder aufgeladen wird. „Das sollten wir unbedingt viel häufiger machen", sind wir uns nach solchen Treffen schnell einig, doch in der Hektik des Alltags kommen diese so wertvollen Momente leider viel zu selten vor. Die alltäglichen Herausforderungen und Verpflichtungen rauben uns die Kraft und am Ende des Tages ist die soziale Batterie häufig derart leer, dass wir uns nur noch nach etwas Ruhe sehnen, anstatt unsere Abende mit irgendwelchen Treffen, so schön sie auch sein mögen, zu verplanen.

Ohne es zu merken, schotten wir uns immer weiter ab und werden zur oben erwähnten Insel, während unser Akku immer weiter entlädt und nicht einmal mehr die Gelegenheit bekommt, wenigstens ein paar Prozent aufzuladen. Was also tun?

Natürlich ist es nicht immer realistisch das Ruder umzureißen und „einfach" wieder mehr zu unternehmen. Vielleicht mangelt es dir an Zeit oder an den finanziellen Mitteln, vielleicht ist da aber auch eine zu große Entfernung zu deinen Lieblingsmenschen und manchmal fehlen die besagten Lieblingsmenschen gänzlich, weil du dich über kurz oder lang immer mehr zu einer einsamen Insel, fernab des Festlandes, entwickelt hast.

Auch an dieser Stelle sind es die Kleinigkeiten, die dich Stück für Stück näher an dein Ziel bringen. Dabei musst du nicht einmal viel tun und es ist garantiert auch nicht mit viel Aufwand verbunden. Versprochen.

„Hallo."

Ein einzelnes, kurzes Wort verbunden mit einem kleinen Lächeln. Denn mehr braucht es gar nicht für eine soziale Interaktion. „Hallo", wird vermutlich auch die Antwort deines Gegenübers lauten und vermutlich endet die Konversation auch schon. Wie du siehst, ist der erste Schritt kurz und schmerzlos, doch genauso wie bei den Miniboostern macht ihn die Häufigkeit und auch die Kontinuität ziemlich effektiv und eröffnet dir neue Möglichkeiten.

Vor einigen Jahren, als meine Kinder den Kindergarten besuchten, bin ich auf dem Weg zur Kita jeden Morgen einer Frau mit ihrem Sohn begegnet. In den ersten Tagen liefen wir wortlos aneinander vorbei. Spätestens ab der zweiten Woche nickten wir uns höflich, aber zurückhaltend zu und kurze Zeit später ergänzten wir das Nicken um ein freundliches Lächeln. Nach einer Weile folgte das erste „Hallo", welches von Mal zu Mal immer freundlicher wurde.

Keine Sorge, es folgt keine rührende Geschichte von einer aus einem Hallo entstandenen Freundschaft, die Jahre überdauerte und bis heute anhält, doch in der Tat begegnete die Frau mir Jahre später auf der Arbeit und die Begegnung war ausgesprochen herzlich, fast so, als träfe man einen guten Freund, nachdem man sich eine Weile aus den Augen verloren hat. Doch erst drei Jahre später wurde mir das Ausmaß eines einfachen Hallos so richtig bewusst.

Mittlerweile besuchte meine ältere Tochter die Grundschule. In der Zwischenzeit sind wird umgezogen, doch der Weg der jüngeren Tochter führte mich immer noch tagein tagaus zum Kindergarten.

Bereits ein paar Tage nach unserem Umzug fiel mir ein junger Mann auf, der unseren Weg zur Kita täglich kreuzte. Es dauerte nicht lange, bis wir unsere Begegnungen erst mit einem stummen Nicken, dann mit einem Lächeln und später mit einem freundlichen Hallo quittierten und irgendwann lächelten wir uns auch schon von weitem zu. Leider muss ich nun all diejenigen enttäuschen, die an dieser Stelle ein romantisches Happy End mit Kniefall, Kutsche und einer Schar süßer Kinder erwarten, denn vermutlich würde ich ihn heute nicht einmal mehr erkennen.

Mittlerweile waren zwei Jahre vergangen. Es war ein Junimorgen im Jahr 2020, der für einen Sommermorgen ausgesprochen kalt und ausgesprochen grau war. An diesem Morgen war ich ausgesprochen müde. Müde vom wenigen Schlaf der letzten Nacht. Müde von meiner Arbeit mit überwiegend depressiven Menschen. Müde von meinem Leben als berufstätige Alleinerziehende. Müde von den Strapazen der Pandemie. Während meine Tochter auf ihrem Fahrrad einige Meter vor mir fuhr, lief ich ihr gedankenverloren hinterher. Manchmal wünschte ich mir in dieser Zeit den Lockdown zurück, denn der Spagat zwischen Berufstätigkeit und der absolut bescheidenen Kinderbetreuung in dieser Phase wog an manchen Tagen wesentlich schwerer als Kontaktbeschränkungen und die Schließungen irgendwelcher Geschäfte.

„Guten Morgen", eine vertraute Stimme riss mich aus meinem Gedankenkarussel und ließ mich in das lächelnde Gesicht des jungen Mannes, dessen Namen ich bis heute nicht kenne, blicken.
„Guten Morgen", entgegnete ich ebenso freundlich und setzte meinen Weg unbeirrt fort. Nur wenige Minuten später folgte die nächste freundliche Begrüßung, welche mich erneut von meinen Gedanken ablenkte. Dieses Mal von einer anderen Mama, die ihr Kind bereits zum Kindergarten gebracht hatte und sich nun vermutlich auf dem Weg zur Arbeit befand. In der kommenden halben Stunde begegneten mir weitere Menschen, die ich alle nur flüchtig kannte, was sich jedoch nicht negativ auf das Ausmaß der Freundlichkeit bei der Begrüßung auswirkte. Ehrlich gesagt, kann ich mich kaum noch daran erinnern, wer mir an diesem Tag über den Weg gelaufen ist, doch ich weiß, dass es insgesamt 8 Leute waren, da ich irgendwann, verwundert über die Menge, angefangen habe mitzuzählen.
Mit jedem weiteren „Guten Morgen" und jedem weiteren „Hallo" steigerte sich meine Laune wie durch Zauberhand und die Grübeleien über die Herausforderungen des Alltags rückten immer weiter in den Hintergrund. Endlich auf der Arbeit angekommen,

strahlte ich mittlerweile regelrecht und gab das Strahlen und die gute Laune bei jeder weiteren Begrüßung ein kleines bisschen weiter. Abends dachte ich über die wundersame Wendung dieses Tages nach. Meine Arbeit war immer noch anstrengend, die Betreuungssituation weiterhin katastrophal und an meiner Rolle als berufstätige Mutter hat sich auch nichts geändert, gleichzeitig waren die Grübeleien darüber innerhalb kürzester Zeit in den Hintergrund gerückt und eröffneten mir den Blick auf die kleinen Freuden des Alltags, die sich manchmal hinter einem einfachen „Hallo" verstecken.

Wie du siehst, braucht es manchmal keine ausschweifenden Mädels- oder Männerabende und auch keine tiefgründigen Gespräche, bei denen man sich all den Kummer von der Seele reden kann, damit es dir hinterher etwas besser geht. Also versteck dich das nächste Mal nicht hinter der Wohnungstür, während die Nachbarn im Treppenhaus zugange sind. Trau dich raus und schenke ihnen stattdessen ein freundliches Hallo.

Lektion 16

Am Ende kennst nur du die Antwort

Auf dem Weg zum Glück ist dir neben all den tollen Momenten auch viel Schmerz begegnet. Das Schlimme daran ist, dass er häufig unvermeidbar ist. Seien es Niederlagen und Ablehnung, die du erfahren hast, die große Liebe, die in die Brüche gegangen ist oder der Verlust eines nahestehenden Menschen.

Dieser Schmerz hat dich innerlich zerrissen und das wird er auch immer wieder aufs Neue tun, sobald du dich in einer ähnlichen Situation wiederfindest, doch gleichzeitig hat er dich auch zu der Person geformt, die du nun bist. Im besten Fall hat er dich wachsen lassen, schließlich heißt es im Englischen nicht umsonst: „No pain, no gain!"

Die schlechte Nachricht zuerst: Dieser Schmerz wird dir leider noch häufiger in deinem Leben begegnen. Wie gesagt, er ist häufig unvermeidbar. Er wird deine Welt immer und immer wieder erschüttern und dich mit aller Kraft zu Boden reißen. Er wird dir immer wieder die Luft abschnüren und zumindest für den Moment alles andere überschatten. Ganz egal wie oft du ihm begegnest, du wirst dich niemals daran gewöhnen können, sodass er dir immer wieder den Boden unter den Füßen wegreißen wird.

Doch nun zu der guten Nachricht: Zwar wird der Schmerz kein bisschen weniger, ganz egal wie oft du ihn auch durchlebst, doch mit der Zeit lernst du immer besser damit umzugehen. Du wirst lernen den Schmerz zu akzeptieren und du wirst lernen ihn anzunehmen. Du wirst lernen ihn zuzulassen und du wirst lernen ihn auszuhalten. Mit jedem Verlust, jeder Ablehnung, jeder Niederlage wirst du besser damit umgehen können. Vielleicht nicht unbedingt in jenem Augenblick, in dem dich der Schmerz zerreißt, denn ich fürchte, dass man das nicht lernen kann. Doch spätestens dann, wenn der erste Schock abgeebbt ist und du wieder in der Lage bist, einen klaren Gedanken zu fassen, wirst du dich damit besser arrangieren können.

Besser heißt nicht, dass es dich nicht zerreißen wird und leider heißt es auch nicht, dass er spurlos an dir vorbeigehen wird, ohne dir die Luft abzuschnüren oder deine Welt zu erschüttern. Besser heißt aber, dass du dir mit jedem weiteren Mal mehr im Klaren sein wirst, dass die Welt nicht untergehen wird, auch wenn es sich im Moment des Aufpralls genauso anfühlen wird.

Wie so oft klingt es leicht daher gesagt doch du selbst bist der beste Beweis dafür, dass es genauso funktioniert und auch in Zukunft funktionieren wird. Erinnere dich an deine erste Schwärmerei bis hin zur ersten großen Liebe. Als sie unerwidert blieb oder aber zerbrach dachtest du vermutlich, dass du nie wieder lieben wirst. Ich könnte wetten du hast dich getäuscht und so sind dir im Laufe deines Lebens noch mehr Menschen begegnet, die dein Herz erobert und auch wieder gebrochen haben.

Ähnlich wird es mit deinen Niederlagen und Verlusten sein. Während du beim ersten Mal daran dachtest, dass die Welt stehen bleibt, wusstest du beim zweiten Mal bereits, dass sie sich weiterdrehen wird. Vielleicht anders, vielleicht langsamer oder auch schneller, doch sie dreht sich unaufhörlich weiter. Wenn du nun also deinem jüngeren Ich in dem Moment begegnen würdest, wenn es gerade diesen furchtbaren Schmerz erfährt, könntest du ihm mit der heutigen Erfahrung sagen, dass es, auch wenn es sich noch nicht so anfühlt, definitiv wieder besser sein wird.

Der Schmerz wird weniger und mit der Zeit vielleicht sogar fast vergessen. Wieso liegt es also fern, dass du in ein, zwei oder fünf Jahren genau das Gleiche zu deinem heutigen Ich sagen kannst?

Lektion 17
Vergiss die guten alten Zeiten

Früher war alles besser! Die Sommer waren wärmer, im Winter gab es dafür jährlich die weiße Weihnacht, die Preise waren niedriger und überhaupt war es eine ganz andere, viel bessere Zeit. Bei genauer Betrachtung fällt jedoch auf, dass sich die Aussagen sehr schnell relativieren lassen.

Weder waren die Sommer wärmer noch die Weihnacht weißer. Bei niedrigeren Preisen waren neben dem Lebensstandard auch die Einkünfte deutlich niedriger und über die bessere Zeit ließe sich auch streiten. Da wäre beispielsweise die 40-Stunden-Woche, die erst 1965 im Arbeitsrecht verankert wurde oder der uns allen bekannte Mindesturlaubsanspruch, der bis 1994 gerade mal 18 Tage betrug. Die Tatsache, dass Vergewaltigung in der Ehe bis Mitte 1997 straffrei war oder die einfache Tatsache, dass es erst seit 2015 den gesetzlichen Mindestlohn gibt.

Ungeachtet aller Fakten neigt der Mensch jedoch dazu die Vergangenheit zu romantisieren. Schuld daran ist die verzehrte Wahrnehmung bzw. Erinnerung, die uns die Vergangenheit durch die rosarote Brille sehen lässt. Doch selbst wenn du entgegen allen Annahmen tatsächlich einer der wenigen Menschen bist, bei dem früher *wirklich* alles besser war, ändert es nichts daran, dass es heute offensichtlich nicht mehr so ist.

Was also tun? Zuallererst vergiss die guten alten Zeiten, denn die Wahrscheinlichkeit, dass sie genauso wiederkehren und du sie dann auch noch als genauso gut empfindest ist äußerst gering. Erstens entwickelt sich alles immerzu weiter – auch du – und zweitens verschwendest du deine wertvolle Kraft, indem du der Vergangenheit nachjagst.

Wenn du das für dich verinnerlicht hast, heißt es nun sich auf dein jetziges Leben zu konzentrieren und das Beste draus zu machen. Ja, ja, ich weiß schon wieder leichter gesagt als getan, doch auch an dieser Stelle gibt es ein paar Tipps und Tricks wie du es ohne einen allzu großen Aufwand bewerkstelligen kannst.

Simpel, aber effektiv: Schaffe Strukturen.

Das menschliche Gehirn liebt Strukturen und Muster. Es versucht ständig alles in passende Schubladen zu sortieren, denn diese sind für uns absolut überlebensnotwendig. Nein, nicht die idiotischen Stereotyp-Schubladen, wobei sich vermutlich niemand davon völlig freisprechen kann. Gemeint sind eher die Schubladen, die für Klarheit sorgen und der Orientierung dienen. Denn ohne sie müsste unser Gehirn jede einzelne Millisekunde damit verbringen alles neu einzuordnen. Ohne diese Strukturen wüssten wir weder wer wir sind noch wo wir uns befinden oder wie wir dorthin gekommen sind.

Bestes Beispiel für den Nutzen dieser Schubladen sind Gefahrensituationen. Mal angenommen du läufst abends nach Hause. Es ist schon spät und dunkel und die Straße ist leer. Plötzlich hörst du lautes Geschrei. Du schreckst hoch und ehe du dich versiehst, ist dein Puls erhöht und dein Körper produziert Adrenalin. Ohne dass du auch nur eine Sekunde lang bewusst darüber nachgedacht hast, hat dein Gehirn die Situation, als potenziell gefährlich eingestuft und deinen Körper in Alarmbereitschaft versetzt, um dich im Falle des Falles zu schützen.

Wie sehr unser Gehirn diese Strukturen braucht, wird immer dann deutlich, wenn die Strukturen fehlen oder aber von unseren Erwartungen abweichen. Das passiert beispielsweise häufig, wenn uns androgyne Menschen begegnen. Das Gehirn sucht bekannte Muster, die in einem solchen Fall jedoch nicht bedient werden und ohne dass wir es beeinflussen können, erwischen wir uns dabei wie wir Stimmlage, Gesichtszüge und Körpermerkmale, die normalerweise mehr Klarheit versprechen, abchecken.

Um also die positiven Aspekte des Lebens in den Vordergrund rücken und sich wohler fühlen zu können, solltest du es deinem Gehirn schön bequem machen. Und das gelingt dir am besten, indem du möglichst viele Strukturen schaffst.

Auch an dieser Stelle kannst du getrost ganz klein anfangen. Es geht nicht darum deinen Tag von vorne bis hinten durchzuplanen, um wie ein störungsfreies

Uhrwerk zu laufen. Vielmehr geht es darum feste Eck-pfeiler in deinem Alltag zu integrieren, an denen sich Kopf und Psyche orientieren können.

Je nachdem wie viel Struktur dein Alltag bisher ent-hält, kannst du mit festen Aufsteh-/ Schlafenszeiten und festen Essenszeiten beginnen. Sind sie (bereits) gegeben, geht es daran deine Verpflichtungen, aber auch deine Freizeit zu strukturieren. Plane Einkaufen, Haushalt und Papierkram fest in deinen Tagesablauf ein. Zum einen bietet es dir – wie sollte es anders sein, Struktur – zum anderen wird es schnell zur Gewohn-heit und da, wo die Gewohnheit herrscht, braucht es nur noch halb so viel Motivation. Außerdem hilft dir eine gute Planung dabei deine Kräfte sinnvoll einzu-teilen. Schließlich klingen 15-30 Minuten täglich (je nach Größe des Haushalts) viel entspannter als das stundenlange Aufräumen am Wochenende oder der klassische Frühjahrsputz. Ähnlich kannst du es mit dem Papierkram handhaben und die Intervalle, je nach Aufkommen, individuell anpassen.

Bei der Strukturierung solltest du dich jedoch nicht nur auf die notwendigen Übel des Alltags fokussieren. Es ist nämlich mindestens genauso wichtig Zeit für dich einzuplanen. Wie wäre es mit einem täglichen Spaziergang? Keine Angst 10 bis 15 Minuten sind auch schon toll, falls du Spaziergänge nicht magst. Oder einer täglichen Lese- und Fernsehzeit? Einmal pro Woche Wellness klingt doch auch ganz nett oder?

Dafür müssen übrigens nicht immer Therme, Sauna und Massage her, denn ein heißes Bad und ein gemütlicher Abend auf dem heimischen Sofa sorgen ebenfalls für Entspannung. Plane regelmäßige Verabredungen und Ausflüge, Filmabende und sportliche Aktivitäten ein, übertreib es jedoch nicht. Denn es geht nicht darum jede einzelne Minute deines Tages zu füllen, sondern darum deine Tage, Wochen und Monate zu gliedern, um dein Hier und Jetzt möglichst angenehm zu gestalten.

Hast du ausreichend Struktur erreicht, geht es nun ans Aussortieren. Brauchst du wirklich drei Dosenöffner oder diese eine Jacke, die du seit 10 Jahren nicht mehr getragen hast? Wann genau möchtest du all die Teelichter vom großen Schweden abbrennen? Und wer zum Teufel braucht so viele verschiedene Cola-Gläser? Schau dir auch deinen Papierkram an, denn die Hälfte davon kannst du mittlerweile getrost wegschmeißen. Sortiere aus, und zwar rigoros. Sollte es dir Schwierigkeiten bereiten, dich von Sachen zu trennen, empfehle ich dir mit all dem digitalen Krempel zu beginnen. Da wären zum Beispiel die tausend Newsletter in deinen E-Mails, die du vermutlich nicht einmal gelesen hast. Ein heißer Tipp ist auch deine Fotogalerie, wo neben all den verwackelten Bildern, die nichts geworden sind, unzählige Screenshots, von denen du nicht einmal mehr weißt, schlummern.

Wenn du so richtig in Fahrt gekommen bist, denk daran dein Umfeld zu sortieren. Trenne dich von all den

Menschen, die dir nicht guttun oder distanziere dich zumindest. Du wirst schnell merken, dass du mit jedem aussortierten Teil auch ein wenig Ballast abwirfst und das trägt unmittelbar zu deinem Wohlbefinden bei.

Zum Schluss gibt es einen Tipp mit Sofortwirkung. Wenn du mal wieder in Erinnerungen schwelgst und sie dich runterziehen oder du einfach nur schlechte Laune hast, empfehle ich dir, dich herauszuputzen.

Richtig gehört, putz dich heraus. Style deine Haare, nutze nach Belieben Make-Up oder Parfum und zieh dir deine Lieblingsklamotten an – die, in denen du dich selber, so richtig gerne magst. Zum einen kümmerst du dich dabei ausschließlich um dich selbst und Selbstfürsorge – selbst, wenn sie darin besteht, sich ein wenig schick zu machen – trägt nun mal zu unserem Wohlbefinden bei. Zum anderen steigert das Rausputzen dein Selbstbewusstsein, setzt Glückshormone frei und hebt ohne großen Aufwand die Stimmung.

Lektion 18

Für Glück braucht es Unglück

Spätestens seit Einstein ist den meisten von uns klar, dass so ziemlich alles im Leben relativ ist. Doch obwohl es die meisten von uns wissen, vergessen wir es dummerweise regelmäßig, und zwar spätestens dann, wenn es um uns selbst geht.

Im Internet geistert seit Jahren ein Spruch herum, der zwar immer mal wieder abgeändert wird, aber im Kern Folgendes aussagt: Wenn du ein Dach über dem Kopf, einen vollen Kühlschrank und einen Schrank voller Klamotten hast, bist du reicher als 75% der Weltbevölkerung. Ob es nun tatsächlich 75% sind konnte ich trotz Recherche nicht genau bestätigen, dennoch können wir zumindest von 50% ausgehen, wenn wir einmal über den Tellerrand und die europäischen Grenzen hinausblicken. Ungeachtet dessen wird sich kaum einer von uns als wohlhabend, geschweige denn reich bezeichnen und das alles ist der Relativität geschuldet. Schließlich besitzen ca. 52% der Deutschen Eigentum, während lediglich 600000 wohnungslos oder gar obdachlos sind, sodass es für die meisten von uns eine absolute Selbstverständlichkeit ist ein Dach über dem Kopf, ausreichend Essen und reichlich passende Kleidung zu besitzen.

Genau der gleiche Effekt tritt übrigens auf, wenn in unserem Leben nicht alles rund läuft oder auch mal richtig mies. Wir haben uns in der Vergangenheit an einen bestimmten Wohlfühlstandard gewöhnt und trauern ihm nach. Alternativ dazu vergleichen wir uns mit anderen Menschen, um dann festzustellen, dass es ihnen vielleicht deutlich besser geht. Bei alledem ignorieren wir gerne mal die Ausgangsbedingungen und vergleichen lediglich die Ergebnisse, was in den allermeisten Fällen ausschließlich zu Frust führt. Dabei sind nicht nur die Startbedingungen bei jedem unterschiedlich, sondern auch die Art damit umzugehen, die wiederum von diversen Faktoren beeinflusst wird.

Sehen wir uns dazu mal alleinerziehende Mütter an. Vor einigen Jahren hatte ich eine Klientin, die sich relativ bald nach der Geburt des zweiten Kindes von ihrem Mann trennte. Obwohl sie die Entscheidung nie bereute, da die beiden Elternteile als Paar schlichtweg nicht funktioniert haben, betonte sie immer wieder, wie unglücklich sie mit der Situation sei. Schließlich brauchten die Kinder beide Elternteile, weil sie als Frau gar nicht alle Lebensbereiche der Kinder adäquat abdecken könne, da sie ja „nur" die Mutter sei und die Kinder eine männliche Bezugsperson benötigen. Kurze Zeit nach der Trennung suchte sie sich einen neuen Partner, um die Lücke im von ihr bevorzugten Familienmodell zu füllen. Bald darauf heirateten sie, doch auch diese Ehe zerbrach nach einigen Jahren. Mittlerweile waren die Kinder fast schon Teenager, doch der Wunsch ihrer Mutter eine „komplette" Familie zu haben wurde nicht weniger und so vergingen keine zwei Jahre, bis sie erneut heiratete, um den Traum der perfekten Familie zu leben. Obwohl sie ansonsten ein emanzipiertes Leben führte, war sie wie versessen darauf einer Familienform nachzujagen, die ihr als Kind selbst verwehrt geblieben war.

Ziemlich zeitgleich betreute ich eine andere Kundin, welche dieselben Startvoraussetzungen hatte und auch sonst viele Ähnlichkeiten zu meiner anderen Klientin aufwies. Auch sie wuchs ohne ihren Vater auf und auch sie bekam irgendwann zwei Kinder, wobei sie sich ebenfalls kurze Zeit nach der Geburt des zweiten Kindes von ihrem Partner trennte. Genauso wie die erste Klientin hatte sie die Trennung nie bereut, gleichzeitig hatte sie nie das Gefühl einen Mann an ihrer Seite zu brauchen. Niemals habe sie sich unvollständig gefühlt, niemals das Gefühl gehabt auf die Hilfe eines Partners angewiesen zu sein. Auf Nachfragen erklärte sie, dass es vermutlich deutlich einfacher gewesen wäre, wenn sie die Erziehungsarbeit nicht alleine hätte leisten müssen. Gleichzeitig vertrat sie die Meinung, dass es eigentlich nur Liebe, Kraft und Ressourcen brauche, anstatt einer vorgegebenen Anzahl von Personen, um Kinder großzuziehen.

Noch deutlicher wird es, wenn wir einen 10-Euro-Schein betrachten.

Sein Wert bleibt, wenn wir die Inflation außer Acht lassen, gleich. Gebe ich ihn nun einem Bettler, wird sich dieser vermutlich riesig darüber freuen, gebe ich ihn einem Millionär, wird er mit hoher Wahrscheinlichkeit höchstens müde drüber lächeln.

Spätestens jetzt dürfte jedem klar sein, wie sehr sich unsere eigene Situation und unsere individuelle Wahrnehmung darauf auswirkt, was wir als Glück empfinden. Doch wozu braucht es Unglück wie es in der Überschrift dieser Lektion heißt?

Wie ich zu Beginn der Lektion schrieb, ist ein Dach über dem Kopf für fast jeden von uns etwas völlig Normales. Wir betrachten es als selbstverständlich und hinterfragen diese Tatsache nicht. Ganz im Gegenteil. Mit der Zeit beginnen wir unsere Normalität zu kritisieren und unsere Unzufriedenheit wächst. Plötzlich ist die Wohnung zu klein oder zu groß, zu alt, zu schlecht geschnitten oder aber zu abgelegen. Vielleicht ist sie auch einfach nur zu teuer und wenn sie nichts davon ist, dann wird sie irgendwann zu langweilig und zu altbacken also müssen eine Renovierung oder neue Möbel her. Obwohl wir, objektiv betrachtet, gut versorgt sind, blenden wir diese Tatsache aus und die Unzufriedenheit über unsere an und für sich gute Situation wächst.

Was würde also geschehen, wenn unser Leben immerzu sorgenfrei, unsere Beziehungen immerzu harmonisch und unsere Ressourcen nahezu unerschöpflich wären? Richtig, es würde bald zur Normalität und mit der Zeit zum Auslöser unserer Unzufriedenheit. Früher oder später würde die Unzufriedenheit ins Unermessliche steigen und uns dazu antreiben nach mehr zu streben und unserem Glück nachzujagen. Gerät unsere Normalität hingegen hin und wieder aus den Fugen oder wird gar erschüttert, ist sie plötzlich nicht mehr so selbstverständlich und wir lernen die sorgenfreien, harmonischen Momente in unserem Leben zu schätzen.

Dummerweise ist der Mensch ein absolutes Gewohnheitstier. Wenn du also deinem Glück auf die Sprünge helfen willst, musst du dich immer wieder aktiv daran erinnern, dass es erstens kein Glück ohne Unglück gibt und du dich zweitens für diverse Dinge glücklich schätzen kannst, die du vermutlich als normal betrachtest. Doch auch in den Phasen des Unglücks kannst du mit der bewussten Veränderung der Perspektive deine Wahrnehmung zu deinen Gunsten beeinflussen.

Erstens gibt es, wie gesagt, kein Glück ohne Unglück und auch wenn es es wenig tröstet, ist das Unglück ein notwendiges Übel. Zweitens ist das Unglück auch nur eine Phase, denn wenn es keine Phase wäre, wäre es ja schließlich Normalität. Das Wichtigste ist jedoch, dass du auch das Unglück mit all seinen Begleiterscheinungen annimmst und akzeptierst, denn Schuldzuweisungen und Hass erfüllen keinerlei Zweck. Also halte dich von ihnen fern und für den Fall, dass sie schon da sein sollten, leg sie ab, ehe sie dich zerfressen, damit du hoffentlich schon bald wieder glücklich sein kannst.

An dieser Stelle habe ich einen nicht ganz so funny Funfact für euch, denn nachdem ich dieses Kapitel bei herrlichstem Wetter, an einem wunderschönen Sonntag, auf einer Wiese sitzend beendet habe, begann mir mein Leben ab dem darauffolgenden Tag meine eigenen Worte um die Ohren zu hauen, in dem es täglich eine neue Herausforderung, nein, eher Krise für mich bereithielt. (Immerhin habe ich so die passende Stimmung für die folgende Lektion bekommen.)

Und damit kommen wir auch schon zum wichtigsten Teil der Lektion. Es reicht nämlich nicht, wenn du dir dessen bewusst bist, dass es für Glück auch Unglück braucht, denn weil der Mensch ein derartiges Gewohnheitstier ist, musst du dich auch immer wieder daran erinnern, auch dann, wenn es dir gerade gut geht, erst recht dann. Und dann wäre da noch etwas: Sei verdammt nochmal dankbar! Für das Dach über dem Kopf, auch wenn es kein modernes Loft ist, für deinen Job, auch wenn er manchmal nervt, für deine Familie, selbst dann, wenn sie der Hauptgrund für all die grauen Haare ist. Aber auch für die lästigen Sachen wie Übergewicht und Langeweile, denn im Umkehrschluss heißt es, dass dir ausreichend Essen zur Verfügung steht und du gerade weit davon entfernt bist ums nackte Überleben zu kämpfen.

Lektion 19

Mach das, was du am besten kannst

Manchmal gibt es Momente in deinem Leben in denen absolut alles aus den Fugen gerät und du weder ein noch aus weißt. Das Leben bricht wie ein heftiger Sturm über dich herein und hinterlässt nichts als Zerstörung. Innerhalb von Sekunden wirst du aus deiner Normalität geschleudert und nichts geht mehr. Die Gedanken kreisen zunächst, doch schnell verabschieden sich Logik und Vernunft, um das Feld für Emotionen zu räumen. Und weil der Mensch nicht nur ein Gewohnheitstier, sondern auch noch von Natur aus tendenziell pessimistisch ist, sind in solchen Momenten die vorherrschenden Gefühle selten positiv.

Angst, Trauer, Wut und Verzweiflung gehen nahtlos ineinander über und falls doch irgendwo ein Funke Hoffnung aufblitzt, wird er von ihnen sofort im Keim erstickt. Schnell entwickelt sich eine unaufhaltsame Dynamik, die nach und nach nicht nur die Rationalität außer Gefecht setzt, sondern auch auf deinen Körper übergreift. Das Herz beginnt zu rasen, die Atmung wird schneller, der Magen dreht sich und die Hände zittern. Der Boden unter deinen Füßen gleitet weg und zur Angst, Trauer, Wut und Verzweiflung gesellt sich Machtlosigkeit.

In solchen Situationen ist es dir kaum noch möglich einen klaren Gedanken zu fassen. *Wieso ich? Warum jetzt? Wie geht es weiter? Was soll ich tun?* Sind nur einige der konfusen Gedankenfetzen, die immer mal wieder durchschimmern, um dann wieder von Fassungslosigkeit und Ohnmacht abgelöst zu werden. Nichts ist mehr so, wie es noch vor einigen Minuten, Stunden oder Tagen war und insgeheim weißt du ganz genau, dass es auch nie wieder so sein wird. Du wirst vielleicht panisch, willst aus der Situation ausbrechen, doch in diesem Moment gibt es keinen Ausweg und keine Lösung. Am liebsten würdest du die Welt anhalten, um zu verstehen was mit dir geschieht, doch sie dreht sich unaufhaltsam weiter, reißt dich um, schleudert dich umher und gibt dir nicht die geringste Chance auf die Beine zu kommen. Du resignierst.

In solchen Momenten solltest du das einzig Machbare tun: Atme!

Schließe die Augen, atme bewusst ein und aus, konzentriere dich auf den Luftstrom, der den Weg in deine Lungen und wieder zurückfindet, spüre, wie sich dein Brustkorb hebt und senkt, fühle die kraftgebende Ruhe, die langsam einkehrt. Blende jeden Gedanken und jedes Gefühl aus, schiebe alle Ängste und Zweifel beiseite, schüttel' die Ohnmacht ab und atme.

Deine Situation ist die Gleiche, deine Zukunft genauso ungewiss und der Schmerz ist ebenfalls präsent, aber du wirst ruhiger und erlangst langsam die Kontrolle zurück. Dein Herzschlag normalisiert sich, die Hände zittern nicht mehr so sehr und die Rationalität bekommt die Gelegenheit sich gegen die nun abflachenden Emotionen durchzusetzen. Du kannst wieder einen klaren Gedanken fassen, dich sortieren, deine nächsten Schritte planen und die ersten vielleicht sogar umsetzen. Und auch wenn dich das Leben aus der Bahn geworfen hat, weißt du nun instinktiv, dass du irgendwann wieder in die Spur zurückfindest.

Wenn dir das Leben also mal wieder übel mitspielt und deine Realität erschüttert, solltest du das einzig Machbare tun: Atmen!

Lektion 20

Augen zu und durch

Jeder von uns hat schon mindestens ein Mal am Boden gelegen (egal, ob im übertragenen Sinne oder tatsächlich), während er sein bisheriges Leben an sich vorbeiziehen sah. In diesem Moment warst du so weit abgestürzt, dass du dir sicher warst, dass es nun das endgültige Ende ist. Du hast keine Zukunft gesehen, nicht daran geglaubt, dass es je wieder weitergeht, nicht einmal gewagt daran zu denken, dass es eines Tages wieder gut sein wird. Das Leben, so wie es bisher war? Unvorstellbar! Und dennoch sitzt du nun hier und liest diese Zeilen, sodass ich mir ziemlich sicher sein kann, dass es doch irgendwie weitergegangen ist. Vielleicht nicht perfekt, vielleicht nicht so wie früher und vermutlich auch nicht so wie du es dir einst ausgemalt hast, aber es ist weitergegangen und damit kommen wir zur nächsten Lektion.

Vor einigen Jahren war ich beruflich mit den Öffis unterwegs. Nachdem mich zunächst eine S-Bahn näher an mein Ziel bringen sollte, sollte ich schließlich in einen so genannten Bürgerbus[1] umsteigen.

Sieben Minuten Umsteigezeit klangen sehr realistisch und so machte ich mich auf den Weg in den Nachbarort. Die Deutsche Bahn zeigte sich wie so oft von ihrer besten Seite und glänzte mit einer 10-minütigen Verspätung bei der Ankunft am Startbahnhof. Während der Fahrt holte die S-Bahn zwar fünf Minuten wieder auf, dennoch reduzierte sich meine Umsteigezeit auf ganze zwei Minuten, sodass sie mir, angesichts der Entfernung zur Bushaltestelle, als ziemlich sportlich erschien. Als Optimistin, die ich bin, nahm ich die Herausforderung an und positionierte mich schon während der Fahrt an der vordersten Tür, um möglichst nahe an die Unterführung, die zur Bushaltestelle führte, auszusteigen, um keine Zeit zu verlieren. Kurze Zeit bevor die S-Bahn anhielt, gesellte sich ein junger Mann mit Krücken zu mir.

Sobald die S-Bahn zum Stehen gekommen war und sich die Türen geöffnet haben, stürmte ich heraus, lief

---

[1] Eine absolut tolle Aktion, bei der kleine Städtchen und Gemeinden mit beschränkter (nahezu nicht vorhandener) Anbindung an die Öffis, alle ein bis zwei Stunden von ehrenamtlichen Fahrern in Kleinbussen angefahren werden, damit die Mobilität der Einwohner ohne Auto wenigstens ein wenig gewahrt bleibt.

die Treppen runter und steuerte den Aufstieg am anderen Ende der Unterführung an. Kaum auf der ersten Stufe angekommen, hörte ich hinter mir eine Stimme durch den Gang hallen, die mich darum bat den Bus aufzuhalten. Ein kurzer Blick nach hinten genügte, um den jungen Mann mit Krücken am anderen Ende des Ganges zu entdecken. Ich lief hoch, erwischte den Bus und bat den Fahrer einen Augenblick zu warten und während ich völlig außer Atem Platz genommen hatte, beobachtete ich wie der junge Mann, trotz seiner offensichtlich eingeschränkten Bewegung, in einem ziemlich beachtlichen Tempo die Treppe heraufkam und schließlich zum Bus eilte.

Respekt! Dachte ich in mich hinein, während ich seine Geschwindigkeit und seinen Biss bewunderte. Nachdem auch er Platz genommen hatte, bedankte er sich bei mir und wir kamen ins Gespräch. Er erzählte mir, dass er auf dem Weg ins Fitnessstudio sei und wie froh er darüber sei den Bus bekommen zu haben. Hätte er den Bus verpasst, hätte er zwei Stunden warten müssen, da ihm der Weg zu seinem Ziel zu weit und auch zu steil sei.

Er berichtete mir von einem Autounfall vor einigen Jahren, bei dem er so schwer verletzt wurde, dass er die ersten Wochen und Monate ans Bett und an den Rollstuhl gefesselt war und davon, wie er sich mit Hilfe von Physiotherapie und gezieltem Muskelaufbau zurück ins Leben gekämpft hatte. Seit er wieder auf den Beinen sei, fahre er nun täglich ins Fitnessstudio, um die Muskeln aufzubauen, beziehungsweise das, was er bereits aufgebaut hat, zu erhalten. Dabei habe er sich bewusst für ein Studio im Nachbarort entschieden, denn so komme er täglich raus und habe auch außerhalb seines Trainings regelmäßig Bewegung.

Während er so sprach, bewunderte ich seinen unfassbaren Lebenswillen, denn dieser hat ihn, ungeachtet aller Umstände und Einschränkungen, an genau diesen Punkt gebracht. An einen Punkt, an dem er wieder ein selbstständiges und selbstbestimmtes Leben führen kann. An einen Punkt, an dem er voller Stolz auf das bereits Erreichte zurück und voller Neugier und Zuversicht auf all das noch vor ihm Liegende blicken kann.

Die Moral dieser Lektion ist eigentlich ganz simpel.

Es ist völlig in Ordnung liegen zu bleiben, nachdem dich das Leben (vielleicht sogar mal wieder) zu Boden geschleudert hat. Liegen zu bleiben, das Leben und die Umstände zu verfluchen und sich selbst zu bemitleiden. Trauer braucht Zeit und niemand hat gesagt, dass man sich selbst nicht auch mal betrauern darf. Schließlich wird unser unbekümmertes Ich, welches vor dem tiefen Fall so selbstverständlich war, niemals wieder das Gleiche sein. Die Leichtigkeit, mit der wir durchs Leben gegangen sind, wird weniger. Vielleicht wird sie sogar gänzlich verschwinden und ihren Platz für das Misstrauen in uns räumen.

Umso wichtiger ist es, nachdem der erste Schock verarbeitet und die gröbsten Wunden geleckt sind, sich wieder aufzurichten und weiterzumachen.

Vielleicht wirst du es am Anfang kaum hoch schaffen. Vielleicht wirst du die erste Zeit nur kriechend vorwärtskommen. Mit Sicherheit wirst du zu Beginn nur kleine Schritte zurücklegen können und manchmal daran verzweifeln, weil du das Gefühl haben wirst, nicht vom Fleck zu kommen. Doch eines Tages wirst du das Ergebnis deiner Anstrengungen bestaunen. Du wirst dich aufrichten, erhobenen Hauptes nach vorne schauen und deinen Weg, den du dir vorgenommen hast, zurücklegen.

Wenn du also das nächste Mal am Boden liegst und das Gefühl hast nie wieder aufstehen zu können, erinnere dich daran, wie oft du es schon in deinem Leben geschafft hast. Schließe die Augen, atme tief durch, beiß die Zähne zusammen und fang an zu kriechen.

Lektion 21

Geld allein macht nicht glücklich

Während ich auf den Bus warte, sitzen neben mir zwei Jungs, die wenn's hochkommt um die 20 Jahre alt sind. Einer von ihnen erzählt, dass er grundsätzlich hilft und wenn dann richtig. Er gibt gerne.
Sein Kumpel bestätigt ihn und er wiederholt sich. Nach einer kurzen Pause stellt er plötzlich fest: „Wenn ich damals so jemanden gehabt hätte, wäre ich jetzt nicht hier. Ich würde nicht mal hier chillen." Er macht wieder eine kurze Pause, überlegt offensichtlich und ergänzt. „Dann würde ich einen lila Batzen haben."
Für alle die mit dem Begriff „lila Batzen" nichts anfangen können. Der Begriff meint ein Bündel 500€ Scheine, die es technisch gesehen seit Anfang 2019 nicht mehr gibt. So ein Bündel enthält 100 Scheine, demnach enthielt der *lila* Batzen einst 50000€.
Ich schmunzele, *ja, den hätte ich auch gern*. Damit wäre das ein oder andere im Leben sicherlich deutlich entspannter und das Leben insgesamt sorgenfreier. Schon mischt der nächste Gedanke mit. Wäre ich dadurch tatsächlich glücklicher? Ich denke eine Weile darüber nach und stelle fest, dass der lila Batzen, sollte er just in diesem Moment vom Himmel fallen, kaum zu meiner Zufriedenheit beitragen würde.

Natürlich könnte ich mir davon etwas Schönes kaufen oder Kino, Freizeitpark und Restaurant am selben Tag besuchen, ohne darüber zu staunen und mich insgeheim darüber zu ärgern wie viel Geld solche Unternehmungen mit einer vierköpfigen Familie mittlerweile schlucken, aber am Ende des Tages hätte sich in meinem Leben nicht viel verändert. Ich würde mich weiterhin über das ärgern, was mich stört und mich daran erfreuen, was mir Freude bereitet. Also doch lieber kein lila Batzen. Entweder gleich 'ne Million oder einfach alles beim Alten lassen, denn am Ende macht Geld oder auch Besitz im Allgemeinen eh nicht glücklich. Oder etwa doch?

Die meisten werden auf diese Frage vermutlich mit „nein" antworten, auch wenn die wenigsten den „lila Batzen" ablehnen würden, schließlich kennt wohl jeder von uns das wohlige Gefühl im Anschluss an die Endorphinausschüttung, sobald man sich etwas Neues, Schickes oder Langersehntes kauft. Genauso wie die meisten das unangenehme Gefühl nachempfinden können, wenn man sich etwas nicht leisten kann oder ein Großgerät oder das Auto den Geist aufgeben und man innerlich verzweifelt, weil das Geld nicht auf den Bäumen wächst. Da wäre so ein Bündel schon ganz fein. Schließlich wird sich niemand von uns von irgendwelchen, womöglich absolut egoistischen und ziemlich unrealistischen Wünschen freisprechen können. Genau genommen wünschen wir uns ständig irgendwas.

Feierabend, Ruhe, den berühmt-berüchtigten Sechser im Lotto, Sorgenfreiheit... ich könnte vermutlich ewig so weitermachen und würde kein Ende finden, doch das Prinzip hast du sicherlich auch jetzt schon begriffen. Häufig sind diese Wünsche materieller Natur, wobei wir uns nicht selten mentale Gesundheit, Zufriedenheit und ebenjenes Glück davon erhoffen. Dabei ist die Rechnung eigentlich ganz simpel, wenn auch schwachsinnig.

Nehmen wir da beispielsweise das liebe Geld.
„Hätte ich nur viel Geld, hätte ich keine Sorgen."
So oder so ähnlich blitzt der Gedanke und der Wunsch nach Reichtum in uns auf und an und für sich, ist diese Schlussfolgerung erstmal richtig. Doch schaut man etwas genauer hin, muss man feststellen, dass das Geld in den meisten Fällen mehr Probleme schafft als es löst.

Mal angenommen dir schenkt jemand 10.000€ – ein nettes Sümmchen, nicht wahr? Tatsächlich würde das Geld dir die ein oder andere Sorge nehmen, beispielsweise die von der kaputten Waschmaschine. Vielleicht würdest du dir aber auch einen Urlaub davon gönnen, der im Bestfall ein paar Glücksmomente schafft. Ergo, Geld macht sorgenfrei und glücklich. Was wäre aber, wenn wir eine Null hinzufügen und dir jemand 100.000€ schenkt?

Die kaputte Waschmaschine wäre mit dieser Summe ein Witz und es wäre auch mehr als nur ein Urlaub drin, doch genau an dieser Stelle kehrt sich die simple Rechnung um. Was sollst du mit dem verhältnismäßig vielen Geld machen?

Es ausgeben oder vielleicht doch lieber anlegen? Vielleicht ja ein schönes Auto davon kaufen oder aber es als Anzahlung für ein Häuschen nehmen? Die Gedanken kreisen und damit ist die Sorgenfreiheit auch schon weg. Die Sorgen sind gewiss andere als ohne Geld, aber sie sind da. Und falls du zu den absoluten Ausnahmen gehören solltest, die keinen Gedanken an die richtige Verwendung des neu erlangten Reichtums verschwenden, erinnere ich dich an dieser Stelle gerne an Lektion 18. Der Mensch ist ein Gewohnheitstier, also gewöhnt er sich auch an seinen materiellen Besitz und strebt automatisch nach mehr, was früher oder später zur Unzufriedenheit führt. Schließlich klingt eine Million viel besser als läppische Hunderttausend. Aber braucht es wirklich materiellen Besitz, um glücklich zu sein?

Lass uns an dieser Stelle ein kleines Gedankenexperiment machen. Du wachst morgen früh auf und bist über Nacht reich geworden. So reich, dass hinter der Eins auf deinem Konto ziemlich viele Nullen stehen. Es sind so viele Nullen, dass du nie wieder in deinem Leben arbeiten musst. Du musst dir nie wieder Gedanken über deine Miete, irgendwelche Rechnungen oder ein kaputtes Auto machen. Anstatt dein Haus aufzuräumen, kaufst du dir einfach ein neues. Du hast Personal, dass für dich alles erledigt, einen Fuhrpark, zu dem meinetwegen sogar Yacht und Privatjet gehören. Du musst dir nie wieder Sorgen über Geld machen und kannst dir jeden deiner materiellen Wünsche erfüllen. Du hast im wahrsten Sinne des Wortes ausgesorgt. Auf den ersten Blick ist das eine nette Vorstellung, nicht wahr?

Gleichzeitig ändert dein Reichtum nichts an deinem Wunsch nach Zugehörigkeit, einer Partnerschaft oder der eigenen Familie. Es ändert nichts an deinen Ängsten, nichts an deinen seelischen und körperlichen Wunden und nichts an deinem Wunsch nach Liebe und Anerkennung. Dein Reichtum bringt keine verpassten Chancen wieder und beantwortet dir nicht die Frage nach dem *Was wäre, wenn?* All die zerbrochenen Freundschaften und Beziehungen, all die Verluste und Verletzungen – all das bleibt. Dein Reichtum wird deine Tränen nicht trocknen und lindert auch nicht den Schmerz. Das Geld auf deinem Konto macht dein Leben weder erfüllter, noch gewinnst du dadurch Zeit. Die Zeit, die du mit der Arbeit oder dem Haushalt verbringst mal ausgenommen.

Nun lebst du aber nicht im Überfluss. Stattdessen hast du Träume, Wünsche und vielleicht auch Nöte und die dämliche Weisheit, dass Geld allein nicht glücklich macht, trägt nicht gerade zur Verbesserung deiner Situation bei. Ganz im Gegenteil. Vielleicht macht sie dich sogar traurig oder wütend und das ist, je nach Lebenslage, vollkommen verständlich. Was aber hilft, ist die Sichtweise zu verändern.

Klammern wir die Milliardäre dieser Welt aus, werden wir schnell feststellen, dass die meisten von uns deutlich weniger auf der Haben-Seite als auf der Nicht-haben Seite haben. Gleichzeitig stehen auch uns zahlreiche Mittel und Ressourcen zur Verfügung, selbst dann, wenn wir meilenweit davon entfernt sind wohlhabend zu sein.

Dummerweise sind wir in unserem Leben viel zu oft damit beschäftigt irgendwelchen Wünschen und Erwartungen nachzujagen und übersehen dabei all das, was wir bereits besitzen. Schließlich werden die meisten von uns nicht auf der Straße leben und auch mehr besitzen als das, was wir am Leib tragen. Wenn wir ganz ehrlich sind, werden wir sogar feststellen, dass wir von den meisten Sachen nicht zu wenig, sondern viel zu viel haben. Sei es nun Kleidung, Geschirr oder Deko. Jetzt mal ehrlich, wer zum Teufel *braucht* Deko, auch wenn sie schön anzusehen ist?

Also tu dir den Gefallen und schau dir an was du hast und wie weit du mittlerweile, trotz all der Widerstände gekommen bist und sei verdammt nochmal dankbar.

Lektion 22

Vergiss deine Gefühle

Gefühle sind eine feine Sache – meistens. Schließlich wäre da das Gefühl der Freude und Geborgenheit, das kribbelnde Gefühl, wenn uns eine Überraschung gelingt oder aber wir selber überrascht werden, das Gefühl der Euphorie und meiner Meinung nach das größte Gefühl: *die Liebe*.

Aber genauso gibt es auch die negativen Gefühle wie Trauer, das Gefühl der Enttäuschung und des Versagens und nicht zuletzt den Hass. All die oben genannten und auch alle anderen Gefühle sind für unser Leben, sowohl als Individuum, als auch in der Gesellschaft unheimlich wichtig, doch häufig sind sie einfach nur fehl am Platz.

Bevor ich es erklären werde, müssen wir zunächst ein bisschen tiefer in die Materie einsteigen und uns die Primäraffekte nach Paul Ekman anschauen. Dabei sagt das Wort „primär" nichts über deren Ausprägung oder ihren Stellenwert aus, sondern zielt viel mehr darauf ab, dass uns diese Emotionen bereits von Geburt an inne liegen.

Die sieben Grundemotionen werden bereits ab dem Säuglingsalter, unabhängig von der kulturellen Prägung, in allen Ländern dieser Welt beobachtet und dienen evolutionär betrachtet unserem Überleben. Dabei handelt es sich folgende Gefühle:

- Freude
- Trauer
- Überraschung
- Wut
- Angst
- Ekel
- Verachtung

Schauen wir uns diese Gefühle mal ganz rational an, klingt es absolut logisch, dass sie uns per Geburt begleiten. Angst bewahrt uns vor gefährlichen Situationen, der empfundene Ekel beim Geschmack irgendwelcher unbekannter Beeren, vor einer Vergiftung oder zumindest einer ordentlichen Magenverstimmung. Der Ausdruck der Freude in unserem Gesicht stimmt unser Gegenüber milde und Wut hilft uns, uns zur Wehr zu setzen, wenn es darauf ankommt.

Doch wenn wir diese, man möchte meinen in die Wiege gelegten Emotionen, genauer betrachten, werden wir feststellen, dass fünf der sieben Primäraffekte negativ sind und die Überraschung sowohl positiv als auch negativ sein kann.

Ein ziemlich schlechter Schnitt, wenn du mich fragst, auch wenn sie in erster Linie zu unserem Schutz dienen und nicht auf unser persönliches Glück abzielen.

Lassen wir die Grundgefühle also ungefiltert zu, ist die Wahrscheinlichkeit sehr hoch, dass wir die meiste Zeit über ziemlich schlecht drauf sind. Und wenn wir die meiste Zeit über ziemlich schlecht drauf sind, ist die Wahrscheinlichkeit sehr hoch, dass wir nicht besonders glücklich sind.

Es wird sogar noch ein bisschen verzwickter, denn wenn wir bedenken, dass die Grundemotionen per Geburt vorhanden und dafür da sind, um uns ab dem ersten Tag unseres Lebens zu beschützen, stellen wir fest, dass die Negativität völlig legitim ist, da ein Baby absolut handlungsunfähig und somit auf diesen angeborenen Schutzmechanismus angewiesen ist. Behalten wir die Gefühle jedoch in gleichem Verhältnis bei, trotz der Tatsache, dass wir das Babyalter längst hinter uns gelassen haben, führen sie uns an ebenjenen Punkt zurück. Wir werden ähnlich handlungsunfähig wie ein Neugeborenes. Die Trauer erinnert uns schmerzlich an all die Verluste, die wir bereits erlitten haben, Verachtung und Ekel lassen uns, uns von allem abwenden, was nicht in unser, von der Gesellschaft aufgerücktes Raster passt, welches übrigens mit steigender Unzufriedenheit immer kleiner wird und die Angst lähmt uns bis hin zur Schockstarre. Nicht gerade der ideale Ausgangspunkt, um glücklich zu werden – nicht wahr?

Ungeachtet der evolutionsbedingten Grundnegativität ist da aber auch die Tatsache, dass Gefühle uns schlichtweg verletzlich machen und wenn wir uns verletzt fühlen oder durch die Äußerungen und Taten anderer immer wieder verletzt werden, trägt auch das nicht gerade zum Glücklichsein bei. Glücklicherweise gibt es, wie so oft im Leben, das perfekte Gegengewicht: Rationalität.

Emotionen sind für sie ein Fremdwort, denn sie richtet sich ausschließlich nach den sachlichen Gegebenheiten und Fakten. Würden wir ausschließlich rational handeln, wäre es das Todesurteil unserer Gesellschaft, doch als Schutzfilter gegen die Grundemotionen eignet sich die Rationalität perfekt.

Vor einiger Zeit wurde ich von einer Kollegin um Hilfe gebeten. Die Situation war ziemlich unübersichtlich. Zwanzig einander fremde Menschen haben sich zu einem neuen Sprachkurs eingefunden, wobei ihre Deutschkenntnisse gen Null gingen.

Während die Kollegin mich vor der Tür zum Klassenraum instruierte, schwappte die Stimmung aus dem Inneren des Raumes in den Flur. Wie am ersten Tag üblich, stand der Zettelkrieg auf dem Plan. Es herrschte allgemeine Unruhe. Ein Wirrwarr aus verschiedenen Sprachen und Stimmen drang durch die Tür und die Anspannung war förmlich greifbar. Meine Aufgabe sollte darin bestehen zu dolmetschen und somit etwas Ruhe in die Situation reinzubringen, doch als sich die Tür plötzlich öffnete und die Lehrkraft mich erblickte, musterte sie mich lediglich und stieß ein äußerst deutliches „Nein!" aus, ehe sie die Tür wieder schloss.

Die Kollegin, welche mich um Hilfe gebeten hatte, sah die Lehrkraft entsetzt an, blickte dann entschuldigend zu mir und zuckte unbeholfen mit den Schultern.

„Dann nicht", flötete ich ihr lächelnd zu, während ich mich insgeheim fragte, welche Laus wohl, der ansonsten stets fröhlichen Dozentin, über die Leber gelaufen ist. Auf dem Weg zurück in mein Büro ließ ich die Situation gedanklich Revue passieren. „Dann halt nicht", murmelte ich nicht mehr ganz so freundlich vor mich hin und ärgerte mich darüber, dass mich die Reaktion der Lehrkraft derart getriggert hat. *Vergiss deine Gefühle und betrachte die Situation rational.* Meine eigenen Worte, welche ich schon während so vieler Coachings zum Besten gegeben habe, hallten höhnisch in meinem Kopf wider. *Immer diese Doppelmoral.* Ich verzog meinen Mund zu einem schiefen Lächeln und plötzlich leuchtete es mir ein. Natürlich war das schroffe „Nein!" der Lehrkraft an mich gerichtet, allerdings hatte es überhaupt nichts mit mir zu tun.

Die Kursteilnehmer waren aufgewühlt, die Stimmung gereizt und die Situation chaotisch. Natürlich hätte eine Ansage in der Muttersprache etwas Ruhe in die Situation bringen können, allerdings hätte diese Ansage lediglich die Hälfte der Leute verstanden, was wiederum zu noch mehr Chaos und Anspannung geführt hätte. Daher hat die Lehrkraft die einzig richtige

Entscheidung getroffen, um die Situation in den Griff zu bekommen und ihre Autorität zu wahren.

Mein schiefes Lächeln wandelte sich in ein echtes. *Siehst du!*, kommentierte die Besserwisserin in mir meine Erleuchtung lautlos. Und tatsächlich ist diese Situation ein Paradebeispiel dafür, dass Emotionen so manches im Leben unnötig schwer machen. Hätte ich mich in diesem Moment meinen Gefühlen hingegeben, hätte ich vermutlich zurückgepatzt und zumindest in den folgenden Tagen einen kleinen, aber feinen Groll gegen die ansonsten liebe Kollegin gehegt. Dieser wäre vermutlich nicht ganz unentdeckt geblieben und hätte wahrscheinlich zu weiteren Spannungen geführt. Stattdessen habe ich die Rationalität walten lassen und innerhalb kürzester Zeit festgestellt, dass die Laune der Kollegin nicht mir galt und für mich somit absolut irrelevant war.

Am nächsten Tag kam sie übrigens auf mich zu und entschuldigte sich für ihre abweisende Reaktion. Ihre Begründung war im Übrigen dieselbe, die ich mir bereits gegeben habe und bestätige auf wunderbare Art meine Devise. *Vergiss deine Gefühle und betrachte die Situation rational.*

Oder etwas salopp zusammengefasst: Nur weil jemand einen Scheißtag hat und mit seinem Verhalten deine Gefühle verletzt, heißt es noch lange nicht, dass du das Problem bist. Also hör' auf es persönlich zu nehmen.

Auch an dieser Stelle folgt ein kleiner Pro-Tipp:
Du erinnerst dich vielleicht an die Achstamkeitsübung aus Lektion 8.

Darin ging es darum, die jeweilige Situation bewusst wahrzunehmen. Nun ja, Wahrnehmung ist zwar stets subjektiv, aber nichtsdestotrotz erfolgt sie in erster Linie rational. Wenn du also das nächste Mal von deinen Emotionen übermannt wirst, nimm dir ein paar Minuten Zeit und führe die Übung durch.

Nimm dabei deine Hände zur Hilfe. Umschließe zunächst den Daumen und konzentriere dich dabei auf das Sehen. Was siehst du? Wovon bist du umgeben? Betrachte die Gegenstände und zähle sie innerlich auf. Nur wahrnehmen, nicht bewerten! Gehe anschließend zum Zeigefinger über und achte darauf, was du hörst. Wenn du auch damit fertig bist, widme dich dem Mittelfinger. Was spürst du? Wenn du beim Ringfinger angekommen bist, widmest du dich dem Geruchssinn und schließlich auch dem Geschmack. Sobald du auch mit dem letzten Sinn fertig geworden bist, greife zu deiner Handfläche und stelle dir die folgende Frage: Wo war ich gerade mit meinen Gedanken?

Probier' es aus. Du wirst positiv überrascht sein, wie wirksam diese Übung ist, wenn Stress, Wut, Angst oder Trauer im Spiel sind.

Lektion 23
Neues Jahr, neues Glück

Ab dem 01.01., ab April, nächsten Dienstag oder spätestens um 18 Uhr werde ich dieses oder jenes beginnen. Doch nun ist schon die erste Januarwoche rum, es ist Mai, Mittwoch oder fast 19 Uhr und da ich meinen Startpunkt verpasst habe, lohnt es nun auch nicht mehr damit anzufangen. Vielleicht ja nächstes Jahr, nächsten Monat, nächsten Dienstag oder auch niemals.

Kennst du? Kennst du!

Die guten Vorsätze, die wir uns voller Euphorie vornehmen und teils akribisch durchplanen, um sie dann doch nicht einzuhalten, weil wir unglücklicherweise den richtigen Moment verpassen.

Weil nach Silvester die Reste gegessen werden müssen und es sich natürlich nicht anbietet mit der Diät am 01.01. zu beginnen. Weil im April das Wetter zum Joggen viel zu unbeständig ist und am Dienstag die Arbeit so geschlaucht hat. Selbstverständlich ist 18 Uhr ebenfalls eine ziemlich kritische Uhrzeit. Hat man noch Kraft, möchte man womöglich noch etwas unternehmen oder erledigen und hat man keine mehr, zählt man sehnsüchtig die Stunden bis zur Schlafenszeit.

So oder so, das Vorhaben bleibt liegen und das Ziel, welches wir uns anfänglich gesteckt und vielleicht sogar schon visualisiert haben, rückt in weite Ferne.

Manchmal sind Frust und Enttäuschung anschließend so groß, dass wir innerlich resignieren, aber weil Aufgeben natürlich keine Option und Frust ein ziemlich mieses Gefühl ist, schütteln wir im Nu die nächstbeste Bewältigungsstrategie aus dem Ärmel. Wir beginnen uns selbst zu belügen und reden unsere Ist-Situation schön.

Wozu sollte ich denn abnehmen? Das sind keine 20kg Übergewicht, die meine Gesundheit einschränken, das ist zusätzliche Kuschelmasse. Sport als Ausgleich zum bewegungsarmen Alltag? Ach wo, die Zeit habe ich gar nicht und schließlich weiß doch jeder, dass Sport Mord ist oder zumindest die Gelenke schädigt. Und die Idee den Papierkram sortieren zu wollen war auch absolut absurd und unnötig, schließlich regiert das Genie sein Chaos. Die Ziele sind schnell vergessen und zunächst einmal lebt es sich ganz gut so wie es ist, doch früher oder später werden wir schmerzlich daran erinnert. Der Sommer rückt näher und wir stellen plötzlich fest, dass die Kuschelmasse doch nicht so kuschelig ist wie wir vielleicht dachten. Der Hexenschuss erinnert daran, dass uns ein wenig Bewegung eigentlich ganz guttäte und spätestens, wenn dieser eine Zettel wie vom Erdboden verschluckt ist, verflucht jedes Genie sein ach so beherrschtes Chaos.

Was also tun? Zunächst einmal solltest du dir über deine Wünsche und Ziele klar werden. Sind es wirklich deine Wünsche und deine Ziele oder handelt es sich dabei nur um irgendwelche (gesellschaftlichen) Erwartungen von außen, die du übernommen hast, weil es sich „so gehört". Siehe Lektion 5.

Bist du dir sicher, dass es wirklich deine Intentionen sind, dann solltest du sowohl die Euphorie als auch die akribische Planung beiseitelegen. Ein paar grobe Eckpfeiler reichen völlig, denn insbesondere zu Beginn ist der tatsächliche Anfang viel wichtiger als jede noch so tolle Planung. Also hör auf dir den Kopf zu zermartern und dir das Ergebnis auszumalen und fang an. Jetzt!

Du willst abnehmen? Dann hör auf die abertausendste Diät zu recherchieren und irgendwelche Kalorienbedarfe auszurechnen. Verzichte einfach bei der nächsten Gelegenheit auf die Limo und ersetze sie in Zukunft zumindest durch eine Saftschorle, wenn der Schritt zum Wasser zu groß ist.

Du willst dich mehr bewegen? Dann musst du nicht erst die perfekte Joggingrunde auskundschaften und einen 10 Kilometer Lauf absolvieren. Marschier doch einfach mal auf der Stelle, während du sowieso gerade nichts Besseres zu tun hast, beispielsweise beim Zähne putzen.

Du willst Ordnung in dein Papierchaos bringen? Dann ist das letzte, was du jetzt brauchst, irgendein supercooles Ablagesystem, was dich im schlimmsten Fall auch noch Geld kostet, um anschließend ungenutzt zu verstauben. Sortier' den Kram doch erst einmal nach Absender oder Thema bevor es ans Aus- und Einsortieren geht und wenn das geschafft ist, kannst du in Ruhe über deine Ablagemöglichkeiten nachdenken.

Erinnerst du dich an die Wirkung der Minibooster aus Lektion 1? Ähnlich ist es auch mit der Verfolgung deiner Ziele. Jede noch so kleine Kleinigkeit bringt dich deinem Ziel näher und steigert ganz nebenbei deine Motivation, die dir dann etwas größere Schritte ermöglicht. Und jetzt hör endlich auf zu grübeln und fang an.

Funfact am Rande:

Nachdem ich einige Sätze im Kopf zurechtgelegt hatte, wusste ich bereits, wie Lektion 8 beginnen soll. Da ich meine Bücher meist nicht ganz chronologisch schreibe, sondern immer an der Stelle, an der mich die Inspiration gerade zwickt und mein Umfeld sich größte Mühe gab mich zu inspirieren, stand für mich fest, dass die achte Lektion als nächstes an der Reihe sein würde.

Auf der Arbeit und auch privat hatte ich immer wieder kleine Eingebungen und machte mir fleißig Notizen in das noch ziemlich leere Kapitel, um sie später auszuarbeiten. Ein, zwei besonders brisante Momente entfachten die Schreiblust so sehr, dass ich mir fest vornahm am Abend die vielen Ideen in Angriff zu nehmen. Ich konstruierte wunderschöne Sätze im Kopf und wusste, dass es gut wird, doch am Abend war ich viel zu beschäftigt oder aber viel zu müde, um irgendwas zu Papier zu bringen.

Mittlerweile waren fast drei Wochen vergangen und in der Zwischenzeit hatte ich immerhin zwei einstündige Slots (Wartezeit) in denen ich absolut nichts zu tun hatte, dennoch schrieb ich in dieser Zeit kein einziges Wort.

Ehrlich gesagt war das ganz schön frustrierend. Immerhin hatte ich die Ideen und selbstverständlich das Ziel fertig zu werden, doch es tat sich nichts. Nachdem der zweite Zeitslot verstrichen war und ich mich wieder auf den Weg nach Hause machte, nahm ich mir ganz fest vor eine Woche später, während des nächsten freien Slots weiterzumachen. Unweigerlich musste ich an Lektion 23 denken.

„Warte nicht, starte jetzt", waren bisher die einzigen Worte unter dem Titel des Kapitels. Ich musste schmunzeln. Diese wunderbare Doppelmoral. Und während meine Gedanken immer weiter kreisten, präsentierte mir das Leben eine unübersehbare Steilvorlage. Die Fußgängerampel, an der ich gerade angekommen war, schaltete auf Rot. *Warte nicht, starte jetzt! Warum eigentlich nicht?* Ich holte mein Handy aus der Tasche und begann zu schreiben. Dank einer großen Kreuzung und einer eher fahrzeugfreundlichen Ampelschaltung entstanden die ersten Absätze dieses Kapitels. Noch mehr Wartezeit an einer Bushaltestelle und die anschließende Busfahrt trugen zur zeitnahen Beendigung wesentlich bei.

Lektion 24
Der Schlüssel zum Glück

Nachdem du in den letzten Tagen und Wochen mehr oder minder fleißig alle Lektionen befolgt hast, wirst du festgestellt haben, dass sich die Welt um dich herum kein bisschen verändert hat.

Die Lügner lügen weiter, die Lieblingsfarbe der Schwarzseher und Schwarzmaler dieser Welt ist weiterhin schwarz und das Leben ist auch weiterhin ungerecht. Wie erklärt man sich sonst, dass 1,5% der Bevölkerung über 47,5% des globalen Besitzes verfügen, während sich 39,5% der Bevölkerung 0,5% des Besitzes teilen. *Quelle: Global Wealth Report 2024

Ich stimme dir zu. Ziemlich ernüchternd.

Allerdings hat sich eine Sache gravierend verändert und das bist du. Unabhängig davon, ob du alle Lektionen befolgt hast oder nur ein paar, ob täglich oder gelegentlich. Durch das Lesen der letzten Seiten hast du begonnen ein Bewusstsein für den Schlüssel zum Glück zu entwickeln. Du achtest womöglich, wenn auch unbewusst, häufiger auf die klitzekleinen Kleinigkeiten um dich herum und deine Mundwinkel heben sich zunehmend häufiger zu einem kleinen Schmunzeln.

Die Welt um dich herum ist immer noch die gleiche, aber du siehst sie nun ein kleines bisschen anders. Und genau das ist der springende Punkt. Du bist der Punkt. Du bist der Schlüssel.

Vielleicht bist du nun ein wenig enttäuscht. Sollte die Lösung tatsächlich so simpel sein? Ja und nein. Die Lösung ist denkbar einfach, doch der Prozess bis zu dieser Erkenntnis ist alles andere als das und das weißt du am besten. Er bedeutet Perspektivwechsel, harte Arbeit und ein bisschen Glück. Er bedeutet Tränen, Schmerz und Niederlagen, aber auch Freude, Hoffnung und den Glauben an sich selbst. Den Glauben daran, dass jeder von uns etwas bewirken kann und den Glauben daran, dass jede noch so kleine Kleinigkeit den Unterschied ausmachen kann.

Da du nun den Schlüssel zum Glück in deinen Händen hältst, hoffe ich sehr, dass er dir nie wieder abhandenkommt. Erfreu dich an all den Kleinigkeiten und teile die Freude mit deiner Umgebung. Schaffe Momente und Erinnerungen und vergiss dabei nicht zu lächeln.

Alles Gute, deine Lya

Nachwort

Die Idee zum Buch:

In diesem Fall schrieb das Leben die Geschichte. Eines Abends im September 2023, als ich schon im Bett lag und über Gott und die Welt nachdachte, fiel mir auf, dass der jährliche NaNoWriMo[2] bald beginnt.

Ich dachte darüber nach, dass auch ich bald mal wieder schreiben sollte, denn es warteten unzählige Projekte auf ihre Fertigstellung. Einmal ist es mir tatsächlich gelungen den November zu nutzen, damals entstand ein Kurzroman, doch danach schaffte ich es nie wieder mich täglich ans Schreiben zu machen.

Gedanklich ging ich alle Projekte mit Potenzial zur Fertigstellung durch. Da wäre diese eine Weihnachtsgeschichte, die bereits seit 2017 immer mal um ein paar Zeilen wächst und es eindeutig verdient hat fertiggeschrieben und gelesen zu werden. Und dann wäre da noch ein zweiter Teil meines allerersten Romans, der in die Welt hinaus möchte und sich seit Jahren in der Entstehung befindet. Diverse durchgeplottete Projekte und all die vielen Ideen, die mir immer mal wieder in den Sinn kamen.

---

[2] NaNoWriMo, oder auch National Novel Writing Month, ist ein kreatives Schreibprojekt, das im Jahr 1999 von dem Amerikaner Chris Baty ins Leben gerufen wurde.

Ob ich es diesmal wohl schaffe den November produktiv zu nutzen? Ich entschloss mich gegen das Grübeln und fürs Schlafen. Einige Tage später wurde ich mitten in der Nacht wach. Ich erwischte mich dabei, wie ich etwas murmelte, was für mich nicht ungewöhnlich ist. Und tatsächlich waren es die Worte „Der Schlüssel zum Glück". Ich habe wirklich absolut keine Ahnung, was ich geträumt habe, aber nun gut. Ich stutzte ein wenig, trank einen Schluck Wasser und schlief weiter. Am nächsten Morgen erinnerte ich mich an die zugegebenermaßen seltsame Situation in der Nacht und notierte den Satz in meiner Notizen-App auf dem Handy. Im Laufe des Tages musste ich immer mal wieder an diesen Satz denken, bis ich schließlich beschloss darüber zu schreiben.

Ich öffnete die Notiz, starrte den Satz eine Weile lang an in der Hoffnung mich würde ein Geistesblitz treffen, doch es tat sich nichts. Wieder einige Tage später stand ich in der Mittagspause draußen. Es regnete in Strömen, ich stand gedankenverloren da, hörte Musik und beobachtete die Pfütze ein paar Meter vor mir. Je länger ich drauf sah, umso mehr entstand bei mir der Eindruck, dass die Regentropfen zur Musik tanzen. Ich beobachtete das Ganze eine Weile und erwischte mich dabei, wie ich darüber schmunzelte. Es war nur eine absolut banale Kleinigkeit, aber irgendwie brachte sie mich zum Lächeln.

Da war er der Geistesblitz.

Glück ist sich über Kleinigkeiten zu freuen.

Ich öffnete die Notiz und machte ein paar Stichpunkte. In den folgenden Tagen zückte ich immer wieder das Handy und notierte banale Kleinigkeiten, die mich in irgendeiner Form erfreuten. Die Idee für das erste Kapitel stand, zumindest halbwegs.

Es vergingen mehrere Wochen und es tat sich wieder nichts, bis auf die Tatsache, dass die Aufzählung in meiner App immer länger wurde. Wieder habe ich den November nicht genutzt. Ich ärgerte mich etwas, dachte aber auch daran, dass alles seine Zeit hat. Am 15. November endlich der unerwartete Durchbruch.

Es war ein kalter und ziemlich verregneter Tag, ich wollte unbedingt etwas aus dem Einrichtungshaus besorgen, doch weder mein Freund noch meine Schwester hatten Zeit mich zu fahren. Diese Tatsache nervte mich gewaltig, denn ich hatte beide bereits mehrfach darum gebeten, trotzig und auch ein wenig wütend beschloss ich nicht länger auf die beiden zu warten, sondern stattdessen mit dem Bus zu fahren. Während ich noch zur Haltestelle ging, überkam mich ein ziemlich fieser Ohrwurm, der einfach nicht verschwinden wollte. Das Problem mit den Ohrwürmern habe ich häufiger, genau genommen ständig, also probierte ich meine gewohnten Strategien zur Bekämpfung, doch nichts da, er blieb hartnäckig in meinem Kopf. Plötzlich wurde es mir klar, mein Ohrwurm eignete sich perfekt als Titel für das erste Kapitel, zu dem ich schon so viele Stichpunkte hatte. Ich öffnete meine Notizen und schrieb unter Kapitel 1 den Songtitel auf.

Zack war der Ohrwurm weg doch der nächste ließ nicht lange auf sich warten.

Moment mal, auch der passte sehr gut zum Thema, also öffnete ich wieder die Notiz-App und notierte Kapitel 2 und Songtitel. So geschah es während meiner Fahrt hin und zurück ganze fünfmal. Optimistisch wie ich bin, öffnete ich zu Hause nochmals die App und schrieb die Kapitel 6 bis 24 auf in dem Glauben, dass der nächste Ohrwurm nicht lange auf sich warten lässt. Gemäß meinen Erwartungen sollte ich recht behalten. Innerhalb weniger Tage füllten sich fast alle Kapitel mit entsprechenden Songtiteln. Es war wirklich wie verhext, denn jeder neue Ohrwurm passte wunderbar ins Konzept.

Direkt unter dem Buchtitel stand in meinen Notizen übrigens folgender Satz: *Nutze Wartezeit sinnvoll, anstatt dich darüber zu ärgern, dass sie entstanden ist.*

Dieser Satz wurde in den folgenden Wochen und Monaten zu meiner Devise und so füllten sich die Kapitel nach und nach (hauptsächlich an Haltestellen und in irgendwelchen Bussen), bis das ganze Buch schließlich „zu Papier" gebracht wurde.

Während meiner Arbeit bezeichne ich meine Vorgehensweise häufig als unkonventionell und ich würde glatt behaupten, dass das auch auf mein Privatleben zutrifft. Doch nun, wo ich diese Zeilen schreibe, bin ich tatsächlich selber ein wenig über die äußerst unkonventionelle Entstehung des Buchs verwundert.

So oder so freue ich mich, dass du es bis hierhergeschafft hast und hoffe sehr, dass du durch das Lesen den ein oder anderen Impuls erhalten hast.

Weitere Bücher der Autorin:

„Es ist nicht unsere Aufgabe das System zu hinterfragen, sondern darüber zu schreiben. (...)"

Deutschland im Jahr 2033:

Niemals hätte Melissa damit gerechnet, ihre Jugendliebe wiederzutreffen, schon gar nicht bei der Flucht vor den Bloodhounds, doch dann passiert genau das. Ohne zu zögern, nimmt sie den verzweifelten Ibo bei sich auf. Die Gefühle flammen wieder auf, aber Zukunftsängste und Sorgen um seine verschwundene Familie überschatten das junge Glück und stellen es auf eine harte Probe.

Willkürliche Verhaftungen und tödliche „Unfälle" deuten darauf hin, dass dem Land ein neuer Holocaust bevorsteht. Mit Ibo an ihrer Seite beginnt der Wettlauf gegen die Zeit, doch als Moslem in einer Welt voller Hass muss er um sein Leben fürchten.

Werden sie es schaffen, oder treiben blinder Hass und Wut die Gesellschaft dazu, die Fehler des letzten Jahrhunderts zu wiederholen?

Eine spannende Dystopie mit einem Hauch Romantik.

Der größte Wunsch des 14-jährigen Martin ist es dazuzugehören. Stattdessen wird er von seinen Mitschülern beschimpft, gedemütigt und angegangen.

Seine Seele droht an dem Erlebten zu zerbrechen und er flieht in eine Fantasiewelt, aus der es bald kein Entkommen mehr gibt.

Als Jana in das Leben des mittlerweile 16-Jährigen tritt, erreichen Martins Lügen ihren Höhepunkt. Wird sie dahinterkommen und gemeinsam mit ihm den Teufelskreis durchbrechen?

April liebt Weihnachten – eigentlich – doch dieses Jahr ist alles anders. Die Trennung ihrer Eltern lässt sie den Glauben an die große Liebe verlieren und als ihr Freund sie wegen einer anderen verlässt und ausgerechnet am Abend des ersten Advents seine Sachen abholt, ist das Fest für sie endgültig gelaufen. Wäre da nicht der neue Nachbar, aber kann sie ihm vertrauen? Tauche ab in Aprils Welt und durchlebe eine Adventszeit voller Höhen und Tiefen.

.